고사성어 하나
이야기 하나

임덕연 글 · 안윤경 그림

산하

| 글쓴이의 말 |

곱씹어 새겨 보는 고사성어

　나는 날마다 어린이들을 만납니다. 나는 학교에서 가르치는 일을 하고 있거든요. 어쩌면 '가르친다'는 말은 알맞은 표현이 아닐지도 모르겠습니다. 세상에 한 사람이 다른 사람을 일방적으로 가르치는 관계는 없기 때문입니다. 그래서 나는 어린이들을 가르치면서 또한 배운다고 생각합니다. 이런 일을 하게 되어 얼마나 고마운지 모르겠습니다.

　나는 그동안《속담 하나 이야기 하나》와《믿거나 말거나 속담 이야기》를 펴냈습니다. 이야기라는 것은 혼자서 할 수 없습니다. 반드시 들어 주는 사람이 있어야 흥이 나지요. 서로 이야기를 나누는 가운데 옛사람들의 지혜와 우리말의 맛과 멋을 한껏 느끼게 되거든요.

이번에 선보일 것은 이야기로 들려주는 고사성어(故事成語)입니다. 고사성어란 옛날에 있었던 일을 몇 개의 글자로 압축한 말입니다. 여기에는 신화나 전설에서 전해지는 것도 있고, 역사책이나 문학 작품 등에서 따온 것도 있지요. 나는 이 책에서 중국과 우리나라의 고사성어를 나란히 실었습니다. 두 나라는 지리적으로 가깝고, 문화적으로도 밀접한 관계입니다. 나는 감칠맛 나는 옛이야기를 통해 고사성어가 만들어진 시대와 상황을 짐작해 보고, 그 내용에 담긴 속뜻을 되새겨 보려 합니다.

참다운 공부란 무엇일까요? 나는 한 문장의 글이나 짧은 이야기라도 꼭꼭 씹어서 그 뜻을 가슴에 새기는 것이라고 생각합니다. 그래서인지 책 읽기도 후닥닥 해치우는 친구들을 보면 참 안타깝습니다. 글뿐만 아니라 이야기도 더 오래 더 깊이 새길수록 깊은 의미를 찾을 수 있으니까요. 나는 고사성어도 바로 그런 것이 아닐까 생각해 봅니다.

빈 교실에 혼자 남아

임덕연

|차례|

글쓴이의 말 * 2

중국 고사성어

노력하면 무슨 일이든 이룰 수 있다네_ **우공이산** * 8

풀을 묶어 갚은 은혜_ **결초보은** * 16

주처가 마음을 고쳐 먹었더니_ **개과천선** * 24

둘이 싸우더니 꼴좋게 되었네_ **어부지리** * 32

남쪽 귤이 북쪽 가면 탱자 되네_ **남귤북지** * 38

인생이란 알 수 없는 일이야_ **새옹지마** * 46

가르치고 배우면서 함께 자란다_ **교학상장** * 54

친구라면 이렇게 믿어야지_ **관포지교** * 62

궁금해요 우정에 관한 고사성어 * 70

우리나라 고사성어

널리 인간을 이롭게 한다_ **홍익인간** * 76

꿈을 사서 왕비가 되었다네_ **매몽득화** * 84

임금님 귀는 당나귀 귀다!_ **왕이려이** * 90

아차, 실수했다!_ **아차실기** * 98

흰 옷을 입고 전쟁터로_ **백의종군** * 106

대동강 물을 팔아먹다니_ **공수편매** * 114

어머니 가슴에 박힌 못_ **모심지정** * 122

고양이 다리 재판하기_ **묘각재판** * 128

궁금해요 **고사성어? 사자성어?** * 136

이야기 출처 * 138

노력하면 무슨 일이든 이룰 수 있다네

우공이산 愚公移山

어리석을 우, 어른 공, 옮길 이, 뫼 산

'어리석은 노인이 산을 옮긴다.'는 말로, 아무리 어려워 보이는 일이라도 쉬임없이 노력하면 결국 이룰 수 있다는 뜻이야.

옛날도 아주 오랜 옛날이야. 그야말로 호랑이가 토끼에게 돌떡을 빼앗아 먹던 시절이지. 중국의 북산이라는 곳에 우공이란 사람이 살았어. 성이 우 씨야. 그래서 우리가 김 대감이라 부르듯이 우공이라고 부른 거야. 우공의 나이는 아흔 살쯤이었어. 머리가 하얗고 허리가 굽은 할아버지였지.

우공은 평생을 북산에서만 살았어. 그런데 집 앞을 커다란 산들이 막고 있어서 여간 불편한 것이 아니었어. 태형산과 왕옥산이라는 산이었지. 험한 산을 넘자니 너무 힘들고, 빙 돌아다니자니 너무 멀었어. 그래서 하루는 우공이 가족을 불러 모았어.

"집 앞을 가린 산 때문에 너무 힘들구나. 그래서 내가 저 산들을 깎아 평평하게 만들고자 한다. 너희도 힘을 보태거라."

"예? 저 높은 산들을 깎아서 평평하게 만드시겠다고요?"

가족들은 놀랄 수밖에 없었지. 누구보다도 아내가 펄쩍 뛰었어.

"난 반대예요."

"아니, 저 산들을 평평하게 만들면 다른 고장에도 쉽게 오갈 수 있는데 왜 반대요?"

아내가 반대하자, 우공이 이유를 물었어.

"당신 힘으로는 작은 언덕 하나도 허물 수 없을 텐데, 저렇게 큰 산을 어떻게 깎아 내겠다고 큰소리를 치시오?"

"음……."

우공은 언짢은 표정을 지었지만, 사실 맞는 말이라 대답을 못했어. 우공의 아내는 계속 타박을 했어.

"저 산을 깎아서 나오는 흙과 돌은 다 어쩌려고요? 어디에 갖다 버려요. 그러면 거기에 또 산이 생길 텐데 누가 좋아하겠어요?"

"맞아. 저 높은 산을 다 깎는다 해도, 그 많은 흙을 어디다 버리지?"

정말로 간단한 문제가 아니었어. 우공은 한참 동안 대답을 않더니, 그래도 산을 깎아 길을 만들겠다고 말했어. 우공의 고집은 누구도 못 꺾어. 한번 한다고 하면 하고 마는 성격이니까.

"산을 깎아서 나오는 흙은 아주 먼 나라나 바다에 버리면 돼!"

"와, 그거 좋은 생각이에요!"

첫째 아들이 맞장구를 쳤어.

"하다가 다 못하면, 다시 시작하자구요."

둘째 아들도 소매를 걷어붙였어. 우공의 아내는 더 이상 말리지 않았어. 그러다가 힘들면 그만두겠지 생각한 거야.

다음 날부터 우공은 괭이를 들고 산을 허물기 시작했어. 우공의 아들들도 흙을 퍼 날랐어. 손자들은 흙을 수레에 싣고 멀리 발해로 떠났어. 발해까지 다녀오려면 몇 달이 걸릴지 모르지만 일단 나르기 시작했지. 우공 이웃집에 사는 청년도 함께 했어.

이런 광경을 보고 비웃는 사람들이 많았어. 이들은 주막에서 술을 마시면서 우공을 흉봤어.

"하하하. 풀 한 포기 제대로 뽑을 힘도 없는 사람이 산을 허물어 길을 낸다고 저리 야단이네."

"내 말이 그 말일세. 어리석은 사람 곁에 가면 같이 바보 된다니까."

이 말을 듣고도 우공은 애써 태연한 척하며 그들에게 말했어.

"참으로 어리석은 사람이 누구인지 모르겠네. 자네들은 우리 이웃집 청년만도 못하네. 내가 죽더라도 자식들이 있고 또 손자들이 있지 않은가. 그 손자들이 또 자식을 낳으면서 이

 길을 계속 만들 걸세. 산은 더 이상 커지지 않지만, 나의 자식들은 계속 불어나 산을 허물면서 언젠가는 길을 낼 걸세."
 술을 마시던 친구 노인들은 기가 막혔어. 어안이 벙벙했지. 그러다가 차츰차츰 고개를 끄덕였어. 그러고는 하나둘씩 산을 허물어 길 내는 일을 함께 했지. 마을 사람들이 모두 나선 거야.

그러던 어느 날, 우공 마을의 앞산을 지키던 산신령이 급하게 옥황상제를 찾았어. 손에는 구불구불한 지팡이를 들고 흰 수염을 휘날리며 헐레벌떡 옥황상제에게 달려왔지.

"상제님! 상제님!"

"침착하기로 소문난 자네가 웬 호들갑인가?"

"큰일 났습니다. 이 일을 어쩜 좋겠습니까?"

"그렇게 방정만 떨지 말고 이야기를 해 보게나."

산신령은 우공이 산을 허물기 시작했다고 말했어. 그런데 옥황상제는 별로 놀라지 않아. 뭐, 한 귀퉁이쯤 허물다가 말겠지, 하는 표정이야. 오히려 산신령이 호들갑 떠는 걸 보며 웃음을 꾹 참고 있네.

"서너 해 그러다가 말겠지. 우공도 아흔 살이 다 된다던데."

"하지만 그의 자식들이 대대손손으로 다 나서면 어찌 되겠습니까? 그러면 저는 집도 없는 떠돌이가 될 겁니다."

옥황상제도 산신령의 이야기를 듣고 보니 이거 보통 큰일이 아니야.

"그럼 내가 어떻게 하면 좋겠나?"

"우공이 산을 허무는 걸 말려 주십시오."

산신령의 바람과 달리, 옥황상제는 우공의 정성에 감동했어. 그래서 우공을 말리는 대신, 하룻밤 사이에 몰래 우공의 집 앞에 있던 두 산을 삭동이라는 곳과 옹남이라는 곳으로 옮겨 놓았지.

우공이 아침에 일어나 보니 태형산과 왕옥산이 감쪽같이 사라졌어. 결국 우공의 노력이 하늘을 움직인 셈이지.

풀을 묶어 갚은 은혜

결초보은 結草報恩

맺을 결, 풀 초, 갚을 보, 은혜 은

'풀을 묶어 은혜를 갚다.'라고 풀이하는데, '죽어서도 은혜를 갚는다.'라는 뜻을 담고 있어.

옛날도 아주 옛날이야. 중국에 위주라는 사람이 있었어. 성이 위고, 이름이 주야. 위주의 아들은 위과였어. 뭔 이름이 그러냐고? 몰라. 아무튼 중국 이름이 그래.

위주는 장군이야. 위과도 군대 대장이야. 아버지가 장군인데, 아들도 대장이야. 아버지를 따라 전쟁터에 다니면서 함께 작전을 짜고 적군도 물리쳤어. 그러다가 큰 공을 세워 대장이 되었지.

아버지 위주는 아주 힘이 셌지만, 그래도 나이를 먹으면 기운이 빠지고 병들게 돼. 이런 게 인생이고 자연의 이치야. 아무튼 위주 장군도 죽을 때가 되니까 쓸쓸하고 외로워. 누가 알아주는 사람도 없으니까.

사람들이 죽기 전에 마지막으로 하는 말이 유언이야. 누구에게 돈을 얼마 줘라. 집은 누구에게 줘라. 서로 싸우지 말고 잘 살아라. 대개 이런 말을 하지. 간혹 재산을 모두 불쌍한 사람에게 나누어 주어라. 이런 말을 하는 사람도 있어.

그런데 위주 장군은 어떤 유언을 했는지 알아? 아이고. 이를 어째! 왜 그러냐고? 하도 기가 막혀서 그렇지. 위주 장군이 죽으면서 아들에게 이렇게 유언한 거야.

"사랑하는 나의 조희를 함께 묻어 다오."

글쎄. 살아 있는 사람을 함께 묻어 달라는 거야. 옛날에는 왕이나 장군처럼 높은 지위에 있는 사람이 죽으면 노비뿐만 아니라 사랑하는 사람을 함께 묻기도 했다는구나. 아이고, 끔찍해라. 그런데 조희는 새로 얻은 부인이야. 나이가 어리지만, 위과에게는 새어머니인 셈이지.

위주 장군의 유언을 들은 위과는 어떻게 했을까? 유언에 따라 조희를 돌아가신 아버지와 함께 묻었을까? 아니면 죽은 사람이 뭘 알겠어 하면서, 유언을 무시하고 조희를 살려 주었을까?

위과는 조희를 살려 주었어. 아버지 유언도 중요하지만, 젊은 조희가 불쌍하잖아. 그래서 살려 주고 다른 곳으로 시집보냈지.

어느 날, 이웃 나라의 두희 장군이 군사를 이끌고 쳐들어왔어. 위과는 이제 아버지 없이 두희 장군과 맞서 싸워야 해. 두희는 맨손으로 호랑이 다섯 마리를 때려잡았다는 아주 힘센 장군이야. 워낙 용맹해서 웬만한 상대는 아주 우습게 알아. 그냥 말을 타고 달려가서 장군이고 병졸이고 할 것 없이 모조리 짓밟아

버리지.

두희 장군은 언제나 맨 앞에서 우렁차게 소리쳤어.

"작전이고 뭐고 없다! 그냥 부숴 버려라!"

두희 장군이 이렇게 소리치고 나오면 상대편 군사들은 주춤주춤하다가 줄행랑을 치거나, 얻어맞기도 전에 땅에 납작 엎드렸지.

이제 위과 대장이 두희 장군과 맞붙게 생겼어. 아버지 위주 장군도 돌아가셨는데 말이야.

위과 대장은 좀처럼 맞붙을 생각을 못 하고 후퇴해서 안전한 곳에 숨었어. 그리고 여러 장수들을 모아 두희 군대와 어떻게 맞서 싸울 것인지 의논했지. 그냥 있다가는 모두 죽을 것 같았어. 하지만 두희 장군을 이길 뾰족한 수가 없어서 모두들 걱정이 태산 같았지.

"이를 어찌한단 말이오. 위과 대장. 무슨 좋은 수가 없소?"

이럴 때 위주 장군이 있다면 얼마나 좋을까? 하지만 아버지는 돌아가셨고, 게다가 유언도 지키지 않았는데 도와줄 리가 없잖아. 이렇게 고민하고 또 고민하다가 위과 대장은 깜빡 잠이 들었어.

그런데 잠결에 무슨 소리가 나는 거야. 귀를 기울여 자세히 들어보니 안개 속에서 "청초파! 청초파!" 하고 속삭이는 소리였어.

위과 대장도 "청초파!"라고 소리치다가 잠을 깼어. 그런데도 꿈 내용이 또렷해서 지도를 들여다보니, 지금 머물고 있는 곳에서 조금만 더 가면 청초파라는 들판이지 뭐야.

"음, 청초파라······."

위과 대장은 아침 내내 청초파만 되뇌다가 말을 타고 청초파 들판에 가 보았어. 그냥 평범한 들판이었어. 위과 대장에게 특별히 유리한 곳은 아니었지.

청초파에서 돌아온 위과 대장은 장수들을 불러 모았어. 여기 계속 머물다가 두희 장군과 맞서 싸울 것인지, 조금 더 후퇴하여 청초파라는 들판으로 갈지 물었어. 장수들도 의견이 갈렸어. 그냥 머물자는 사람도 있었고, 청초파로 가자는 사람도 있었지.

"별다른 대책이 없다면. 청초파로 갑시다!"

마침내 위과 대장이 결정을 내렸어. 웬일인지 그리로 가고 싶었어.

"빨리 막사를 걷고 청초파로 이동한다. 서둘러라!"

또 후퇴한다고 하니 신이 난 군사들도 있었고. 귀찮아하는 군사들도 있었어. 아무튼 모두 서둘러서 청초파로 이동했지.

멀리서 두희 장군이 보니. 위과 대장 군대는 어제도 그러더니 오늘도 또 후퇴하는 거야. 겁먹은 것이 틀림없어. 이대로 쭉 밀고 나가면 승리할 게 뻔해. 싸움에서 겁먹으면 지는 게 당연한 일이잖아. 두희 장군은 위과 부대를 바짝 쫓아오며 소리쳤어.

"한 놈도 살려 두지 마라. 위과야, 이리 나오너라! 아비가 죽더니 잔뜩 겁먹었구나!"

두희 장군이 이끄는 부대는 무서운 속력으로 쫓아왔어. 위과 대장은 군사들을 정비하고 맨 앞에서 두희 장군과 맞서 싸울 준비를 했지. 위과 대장도 지지 않고 소리쳤어.

"두희야. 우리 아버지에게 혼나더니, 이제 아들인 나에게 혼나러 왔느냐? 어서 오너라! 내가 상대해 주마!"

그런데 막 달려오던 두희 장군의 말이 비틀하며 앞으로 쓰러지려 해. 그래도 워낙 노련한 두희 장군인지라 간신히 균형을 잡고 다시 달렸어. 그러나 몇 발자국 못 옮기고 보기 좋게 팍 꼬꾸라졌지.

앞으로 달려 나간 위과 대장은 아주 손쉽게 두희 장군을 잡았어. 목에 칼을 대고 꼼짝 못하게 한 다음, 두 팔을 뒤로 묶고 발에도 큰 족쇄를 채웠어. 그래야 도망 못 가니까. 두희 장군만 믿고 달려오던 군사들은 이제 도망가기 바빴어. 위과 군대는 달아나는 두희 군대를 쫓아가서 크게 무찔렀지.

그날 밤. 꿈에 한 노인이 나타났어.

"위과 대장. 조희를 기억하시오? 나는 조희의 아버지요. 위주 장군의 유언에도 불구하고 우리 딸을 살려 주고 시집까지 보내 주어 정말 고마웠소. 너무 고마운 마음에 내가 청초파의 풀을 묶었다오."

'풀을 묶어 은혜를 갚다.'라는 뜻의 결초보은은 바로 이런 이야기에서 나온 거야. 나도 지금까지 많은 사람에게 도움을 받았는데. 어디 풀밭에 가서 풀이나 엮어 볼까나?

주처가 마음을 고쳐먹었더니

개과천선 改過遷善

고칠 개, 지날 과, 옮길 천, 착할 선

'잘못을 고쳐 착한 사람이 된다.'는 뜻으로, 줄곧 나쁜 짓만 하다가 자기 잘못을 깨닫고 착한 사람이 되는 걸 말하지.

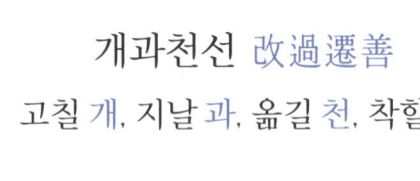

옛날도 아주 옛날이야. 호랑이가 담배를 피웠는지, 토끼가 호랑이 등을 타고 놀았는지 모르겠지만 아무튼 먼 옛날이야.

중국에 주처라는 사람이 있었어. 주는 성이고, 이름이 처야. 주처는 힘이 세고 목소리도 컸어. 이름이 처여서 그런지 몰라도 날마다 주먹으로 사람을 쳐. 만날 싸움박질이란 말이지. 사고도 쳐. 남의 집 담장을 무너뜨리고, 장독도 깨고, 지나가는 강아지도 발로 찼지. 나이를 좀 먹으니 술 먹고 욕도 막 하고 그래. 주처 옆에 있다가는 언제 귀싸대기를 맞을지 몰라. 그러니 사람들이 슬슬 피하지. 그럼 또 슬슬 피하는 사람들에게 시비를 걸어. 왜 사람을 보고 피하냐고 억지를 부리는 거야. 그래서 주처가 있다면 아예 멀리 돌아서 가. 하여간 모든 사람이 싫어했지.

이 동네 사람들은 자기 동네에 세 가지 나쁜 것이 있다고 말했어. 그 세 가지란 남산 호랑이, 장교의 용, 그리고 주처야. 동네 앞산 이름이 남산인데, 거기에 호랑이가 있어. 그 호랑이가 걸핏하면 사람을 물어 죽이니, 첫 번째 나쁜 일이야.

이 동네에는 큰 개울이 지나가. 남산에서 흘러와서, 어디어디 큰 강으로 흘러가는 개울물이야. 그 개울에 다리가 하나 있는데 '장교'야. 장교란 '긴 다리'라는 뜻이지. 거기에 용이 살아. 그 용이 사람을 해치나 봐. 이것이 두 번째 나쁜 일이지.

마지막이 주처야. 하여간 '주처가 온다!'라고 하면, 울던 아이도 울음을 뚝 그친다니까.

그런데 어찌 된 일인지, 주처가 달라졌어. 하루아침에 달라졌어. 마음을 고쳐먹고 착한 사람이 된 거야. 세상에 이럴 수가 있나.

"이렇게 나쁜 짓만 하고 살 순 없다. 이제 착한 사람이 되어야겠어."

세상에서 가장 쉬운 게 마음먹는 거야. 마음만 먹으면 무슨 일이든 할 수 있잖아. 그래서 '세상 모든 일은 마음먹기 달렸다.'라는 말도 생겼나 봐. 하여간 주처가 마음을 고쳐먹고 착하게 살기로 했다니, 두고 볼 일이지.

주처가 마음을 고쳐먹었는데도 사람들은 믿지 않았어. 주처가 있으면 슬슬 피하고, 주처가 나타나면 도망가고, 주처가 보이면 숨어. 이런. 착하게 살기로 마음먹었는데 사람들이 예전처럼 대하다니!

주처가 사람들에게 소리쳤어.

"나 이제 착한 사람이 되었어. 어떻게 하면 믿을 거야?"

그런데도 사람들이 안 믿어. 워낙 못된 짓을 많이 했으니 하루아침에 누가 믿어 주겠어? 주처도 답답해 미치겠어. 이제 착한 사람이 되었다는데 아무도 믿어 주지 않다니!

하루는 주처가 골목길을 가다가 이웃집 사람과 딱 마주쳤어. 이웃집 사람이 피할 길도 없어. 좁은 골목길이야. 주처가 그 사람을 붙잡고 하소연했어.

"어떻게 하면 나를 믿겠나?"

이웃집 사람은 부들부들 떨면서 말했어.

"아무리 그래도 안 믿어. 네가 못된 짓을 얼마나 많이 했니?"

"알았어. 알았다고. 하지만 이제 착해졌으니 믿어 줘."

"말로 아무리 해봤자 못 믿겠으니 행동으로 보여 줘."

"어떻게?"

"남산 호랑이와 장교의 용을 잡아 와. 그럼 믿을게."

"뭐라고? 남산의 호랑이와 장교의 용을? 그럼 믿겠다고?"

주처는 잠시 생각했어. 너무 위험한 일이잖아. 자칫하다 다칠 수도 있잖아. 이웃집 사람은 주처가 어떤 대답을 할지 궁금했어. 한참 생각하던 주처가 드디어 입을 열었어.

"좋아. 내가 호랑이와 용을 잡아 오겠어. 그럼 나를 믿어 줄 거지?"

"물론이지. 그렇게만 된다면 동네 사람들이 모두 너를 칭찬할 거야."

주처는 그길로 집에 돌아가 활과 화살, 긴 칼 따위를 준비해서 길을 나섰어. 어디로 갔냐고? 남산으로 먼저 갔지.

주처가 남산으로 호랑이 잡으러 갔다는 소문이 금세 온 동네에 퍼졌어. 동네 사람들은 박수를 치면서 좋아했지. 호랑이를 잡아도 좋고, 용을 잡아도 좋고, 그러다가 주처가 죽는다 해도 나쁠 건 없는 거 아니겠어? 어차피 세 가지 나쁜 것 가운데 하나라도 없어질 테니까!

한참을 기다려도 주처가 돌아오지 않았어. 한 달을 기다려도 주처는 돌아오지 않았어.

"혹시 죽은 거 아냐? 이렇게 오랫동안 안 돌아오는 걸 보면 주처가 죽은 것 같아!"

"그러게. 어쨌든 세 가지 나쁜 것 가운데 하나가 없어졌으니 기쁜 일 아닌가?"

"맞아. 우리 당장 잔치를 하세."

마을 사람들은 잔치를 열었어. 덩실덩실 춤도 추었지. 맛있는 음식도 만들어 먹고, 노래도 불렀어.

"주처가 죽었다네. 세 가지 나쁜 것 가운데 하나가 사라졌다네."

뭐, 이런 노래였겠지. 그런데 그때, 주처가 돌아왔어. 한쪽 어깨에는 호랑이를 걸쳐 메고, 다른 쪽 어깨에는 용을 들쳐 메고 왔어.

주처가 호랑이와 용을 잡아 가지고 온 것도 모르고 동네 사람들은 신나게 노래를

부르며 잔치를 했지.

"주처가 죽었다네. 세 가지 나쁜 것 가운데 하나가 사라졌다네."

주처가 가만히 노래를 들어 보았더니, 동네 사람들이 자기 죽은 걸 축하하고 있잖아. 주처는 호랑이와 용을 땅바닥에 내려놓고 돌아섰어.

'동네 사람들은 나에게 호랑이와 용을 없애 달라는 게 아니었구나. 실은 내가 죽기를 바라고 있었어. 이런 동네에 내가 있을 필요가 있을까? 그동안 내가 한 못된 짓들을 뉘우치고 착해지려고 했는데, 아쉽지만 이 동네에서 멀리 떨어져 살아야겠다.'

그길로 주처는 동네를 떠나 정처 없이 돌아다녔어. 경치 좋은 곳도 구경하고, 논밭에서 일하며 품삯을 받기도 하고, 좋은 가르침을 주는 스승도 만났지.

그러던 어느 날, 육기라는 사람을 만났어. 주처는 육기에게 지난날 자기 동네에서 있었던 일을 이야기했어. 아직도 서운한 감정이 남았나 봐. 육기는 안타까운 표정을 지었어. 주처는 자기 마음을 알아주는 육기가 고마웠지. 이렇게 누구 한 사람이라도 자기 마음을 알아주는 사람이 있다는 건 행복한 일이야.

 "참으로 힘든 일을 겪었군. 하지만 새사람 되겠다는 마음이 중요하지. 남들이 나를 알아주지 않는 것이 뭐 그리 중요해요? 자기 마음은 자기가 가장 잘 알지 않소. 참으로 대단한 마음을 먹었군요."

 주처는 자기를 알아주는 육기의 말에 용기를 얻었어. 그리고 열심히 공부를 해서 아주 훌륭한 학자가 되었지. 주처처럼 자기 잘못을 깨닫고 새롭게 마음을 고쳐먹어 새사람 되는 걸 '개과천선'이라고 해. 나도 이제부터 착한 사람이 되어야지. 남들이 믿어 주지 않아도 실망하지 않고. 하하하. 믿거나 말거나!

둘이 싸우더니
꼴좋게 되었네

어부지리 漁父之利
물고기 잡을 어, 아비 부, 갈 지, 이득 이

'어부의 이익'이라는 말인데,
둘이 다투고 있는 사이에
다른 이가 이익을 얻는다는 뜻이지.

중국은 땅덩이가 엄청 넓고 역사도 아주 길어. 그러니 나라도 참 많고 이야기도 많았겠지. 서로 다투거나 친하게 지내는 나라들도 많았을 거야. 사람 사는 것은 어느 때나 다 비슷한가 봐.

지금부터 약 2천 년 전 즈음이야. 중국에 연나라, 제나라, 조나라가 있었어. 서로 국경을 맞대고 있으니 친하기도 하고 다투기도 했겠지. 항상 잘 지낼 수는 없나 봐. 힘이 세면 영토를 넓히고픈 욕심도 생겼겠지.

연나라와 제나라 사이에 전쟁이 일어났어. 전쟁에서도 가장 중요한 것이 식량이야. 제대로 먹어야 잘 싸울 수 있는 거야. 그런데 한참 전쟁 중에 연나라에 흉년이 들었어. 저런 큰일 났네. 정말 큰일 났어.

옆에 있던 조나라가 가만히 보니 연나라가 무척 힘들어 해. 식량도 떨어지고, 오랜 전쟁으로 사람들도 많이 지쳤고. 이럴 때 연나라로 쳐들어가면 쉽게 이길 것 같아.

연나라는 큰일 났어. 힘겹게 제나라와 전쟁 중인데, 조나라까지 쳐들어오면 못 버티고 망할 것 같아. 이를 어쩌지? 무슨 일이 있어도 조나라와 전쟁은 하지 말아야 할 텐데. 그래서 연나라 왕은 소대라는 사람에게 선물을 한 짐 지어 조나라에 사신으로 보냈어.

"어떻게든 조나라가 쳐들어오지 않게 해 다오. 지금 제나라와 전쟁 중인데, 조나라와도 싸우게 되면 큰일이다."

"염려 마십시오. 제가 조나라 왕을 최대한 설득해 보겠습니다."

소대가 걱정하지 말라고 했지만, 연나라 왕은 무척 걱정되었어. 조나라 왕이 제대로 이야기도 안 듣고 소대를 죽일지도 몰라. 옛날에는 그런 일이 많았거든. 소대는 어떻게 하면 설득할 수 있을까 걱정하며 조나라 왕을 찾아 갔어. 남들이 알면 안 되니까 조심조심 갔어. 특히 제나라가 알면 큰일이지.

"연나라에서 소대라는 사신이 왔습니다. 어찌할까요?"

"그래, 왜 왔는지 말이나 들어 보자."

소대는 조나라 왕 앞에 엎드려 절을 올렸어. 선물도 바쳤지. 소대는 긴장되어 온몸이 떨렸지만, 정신을 바짝 차리고 심호흡을 했어.

"연나라 사신 소대가 인사드립니다. 만수무강하소서."

"그래, 무슨 일인가? 일어나 이리 가까이 다가오게."

조나라 왕이 다정하게 대해 주자, 잔뜩 긴장하고 있던 소대는 조금 마음이 놓였어. 다른 나라에서 사신이 오면 성대하게 잘 대접하기도 하지만, 혹시 왕을 해치려는 사람일 수도 있어서 가까이 오게 하지 않아. 그런데 조나라 왕은 소대가 그럴 사람이 아니라고 여겼나 봐.

죽기를 각오하고 온 소대였으니 침착하게 말했지.

"이번에 제가 조나라에 오다가 역수라는 큰 강을 건넜습니다. 강가에서 배를 기다리고 있는데, 모래밭에서 큰 조개가 입을 쩍 벌리고 있었습니다. 주먹을 집어넣으면 다 들어갈 정도로 컸습니다. '저놈을 잡아다가 푹 고아 먹으면 한 끼 식사가 되겠구나.' 하고 있는데, 마침 커다란 황새가 날아와 긴 부리로 조개의 속살을 쪼았습니다. 조개는 깜짝 놀라 힘껏 입을 다물었습니다. 그러니 황새 부리가 그만 조개에게 꽉 물렸습니다. 황새가 조개를 떨구려고 이리저리 도리질을 쳤지만, 조개는 죽기 살기로 황새의 부리를 꽉 물고 놓지 않았습니다."

조나라 왕은 소대가 무슨 이야기를 하는지 귀를 쫑긋하고 들었어. 옆에서 신하가 소대가 하는 말을 기록도 했지. 소대는 이야기를 계속했어.

"이러다간 둘 다 죽는다. 어서 입을 열어라."

황새는 웅얼거리며 말했어. 조개가 자기 부리를 꽉 물고 있으니까 그런 거지.

"내가 입을 열면 네가 나를 콕 찍어 먹을 게 아니야. 이래 죽나 저래 죽나 마찬가지다."

조개도 황새에게 웅얼거리며 말했어.

둘은 계속 싸웠어. 그래도 서로 꽉 물고 놓지 않았어. 그때 마침 한 어부가 지나다가 황새와 조개가 서로 물고 있는 것을 보았어. 어부는 얼른 둘을 잡아 그물망에 넣었지.

"오늘은 운이 좋구나. 힘 안들이고 조개와 황새를 한번에 잡았으니."

소대의 이야기는 여기서 멈췄어. 왕도 재미있는 이야기라 생각했는지 고개를 끄덕였어.

"참 흥미로운 이야기구만. 그런데 네가 이 이야기를 나에게 하는 까닭이 무엇이냐?"

"마침 나루에 배가 와서 그곳을 떠났지만. 자꾸 머릿속에 떠오르기에 말씀드리는 겁니다. 연나라와 조나라가 서로 협력하지 않고 황새와 조개처럼 싸운다면. 두 나라는 모두 죽습니다. 우리 옆 나라는 힘 안 들이고 연나라와 조나라를 차지하게 될 것입니다."

조나라 왕은 고개를 끄덕였어.

"맞아. 잘못하다가는 우리 두 나라가 다 위험하겠군. 소대가 참 중요한 이야기를 해 주었소. 소대에게 큰 상을 내려라."

이후 두 나라는 싸우지 않았어. 서로 도우며 잘 지냈지.

어부가 힘들이지 않고 조개와 황새 두 마리 다 잡은 걸 '어부지리'라고 해. 둘이 싸우는 동안 다른 사람이 이득을 본다는 뜻이지.

남쪽 귤이 북쪽 가면 탱자 되네

남귤북지 南橘北枳

남녘 남, 귤 귤, 북녘 북, 탱자 지

'남쪽의 귤을 북쪽에 심으면 탱자가 된다.'는 말이야.
사람은 처한 환경에 따라 기질도 변한다고 해.

옛날 중국 제나라에 안영이란 사람이 있었어. 공자도 형님이라 부를 만큼 공부를 많이 하고 지혜가 많은 학자였지. 마음이 넓고, 호랑이가 나와도 두려워하지 않을 정도로 담력도 셌어. 지혜가 많으면 무서울 것이 없나 봐.

어느 날, 초나라 영왕이 유명한 학자를 초청한다고 편지를 보냈어. 누구든지 오면 골탕을 먹여 코를 납작하게 해 주고 싶은 마음이었지. 제나라는 안영을 보냈어.

영왕은 제나라가 초청을 받아들여 안영을 보냈다는 소식을 듣고 회의를 했어.

"힘도 약하고 별 볼일 없는 제나라가 힘세고 강한 우리 초나라를 우러러보게 할 방법을 말해 보시오."

신하들이 영왕에게 잘 보이려고 안영을 골탕 먹일 방법을 앞다퉈 말했어.

"안영은 말을 아주 잘하기 때문에 토론을 하면 우리가 보나 마나 집니다. 그러니 토론은 절대 안 됩니다."

"저기 궁궐 문부터 여기까지 기어서 오게 해야 합니다."

"안영은 키가 아주 작습니다. 그러니 작은 키를 놀려 주면 어떻겠습니까?"

"하하하! 그래그래. 재미있는 생각이야."

영왕은 안영을 골려 줄 여러 가지 방법을 듣고 아주 흡족해했어. 바로 궁궐 문지기에게 명령을 내렸지.

드디어 안영이 초나라 궁궐의 동문에 도착했어. 그런데 문이 열려 있지 않았어. 자기를 초청했으면 문을 활짝 열고 기다려야 할 거 아냐. 그런데 문을 꼭꼭 걸어 잠그고 있다니 조금, 아주 조금 화가 났지만 참았어. 그렇다고 그냥 돌아갈 수는 없는 일이니까. 안영이 궁궐 문을 두드렸어. 그랬더니 동문 옆의 작은 문이 열리면서 문지기가 '누구쇼?' 하는 표정으로 얼굴을 쑥 내미는 거야.

"나는 제나라 사람 안영인데 초청을 받아 온 사람이니 어서 문을 열어라."

그런데 이 말을 듣고도 문지기가 아주 귀찮은 표정으로 툴툴거리는 거야.

"보아하니 키가 아주 작구먼. 큰 성문을 열고 닫는 것도 힘드니 저기 개구멍으로 쏙 들어오시오."

진짜 개가 드나드는 것 같지는 않고, 급한 일이 있을 때에나 하인들이 드나드는 문 같았어. 안영은 참으로 기가 찼어. 사람을 초청해 놓고 이런 대접을 하다니. 눈치 빠른 안영은 영왕이 자기를 골탕 먹이려는 것을 알아차렸지. 개구멍으로 기어 들어가면 모두 그 모습을 보면서 낄낄거릴 것이 뻔하거든. 그리고 이 나라 저 나라로 소문이 쫙 나겠지. 안영이 초나라 궁궐에 개구멍으로 들어갔다고 말이야.

"이것은 개나 망아지가 출입하는 문이지 사람이 다닐 문이 아니네. 내가 개나라에 왔나 초나라에 왔나 헷갈리는구먼. 나는 사람인데 어찌 개구멍으로 들어가겠는가!"

순식간에 초나라가 개나라가 되었어. 문지기가 이 말을 듣고는 얼른 영왕에게 전했지. 영왕은 얼굴이 금방 붉어졌어. 자기 나라를 개나라라 하니 그런 창피가 없거든.

"어서 궁궐 문을 활짝 열어라."

안영은 활짝 열린 궁궐 문으로 들어가 영왕 앞에 앉았지. 영왕도 안영을 골려주려는 마음을 잔뜩 갖고 기다리고 있었어.

"제나라는 인물이 그리 없나. 이리 작은 사람을 보내다니."

안영은 영왕이 자기 키가 작다고 놀리는 걸 꾹꾹 참았어. 그러고는 조용하고 차분한 목소리로 대답했어.

"만백성의 존경을 받는 대왕 마마. 제나라에는 사람이 아주

많습니다. 한꺼번에 숨을 몰아쉬면 태풍처럼 바람이 불고, 발을 함께 구르면 천둥소리가 날까 봐 조심스레 걸을 정도입니다. 그런데 어찌 큰 인물이 없겠습니까?"

"하하하. 그런데 이렇게 키 작고 못생긴 사람을 보냈으니. 인물이 그렇게 없나 자꾸 의심이 드오."

안영은 얼굴색 하나 변하지 않고 미소를 띠며 말했어.

"제나라에는 한 가지 규칙이 있습니다. 누가 제나라 사람을 초청하면, 그 나라가 현명한 나라인지 우매한 나라인지 먼저 알아봅니다. 만약 현명한 나라이면 현명한 사람을 보내고, 우매한 나라라면 우매한 사람을 보냅니다. 그래야 서로 이해하며 유익한 대화를 할 수 있다고 생각합니다. 이런 기준대로 큰 나라에는 큰 인물을 보내고, 작은 나라에는 작은 인물을 뽑아서 보내는 것입니다."

영왕은 얼굴빛이 붉어졌어. 안영을 놀리면 놀릴수록 초나라가 우매하고 작은 나라인 꼴이 되니 그럴 수밖에 없지.

이제 다음 작전이 시작되었어. 궁궐 뜰 아래로 포승줄에 묶인 죄인을 데리고 와서 꿇어 앉힌 거야. 다른 나라 손님이 참석한 자리에 죄인을 끌고 온 것은 겁을 먹게 하려는 의도가 아니겠어?

"무슨 일이냐?"

"절도죄를 짓고 잡혀왔습니다."

"어느 나라 사람이냐?"

"제나라 사람입니다."

"감옥에 당장 가둬라."

안영은 자기를 욕보이려는 계획인 줄 바로 알았지. 영왕이 안영에게 물었어.

"제나라 사람은 원래 도둑질을 잘하오?"

안영은 눈물이 나올 만큼 부끄러웠으나 꾹 참고 대답했어.

"강남에 귤이라는 과일이 있습니다. 저도 먹어 봤는데 맛이 참 묘합니다. 단맛 같기도 하고 신맛 같기도 한데. 과즙이 많아서 갈증을 잊는 데 그만입니다. 하지만 맛이 좋다고 해서 강북으로 가져다가 귤나무를 심으면 탱자가 되고 맙니다. 시어서 먹을 수가 없고, 씨가 크고 많아서 과즙도 별로 없습니다. 강남의 귤을 강북에 심으면 탱자가 되는 것은 토질과 기후 때문입니다. 제나라 사람들은 원래 도둑질을 모릅니다. 그런데 도둑질을 하게 된 것은 초나라에 왔기 때문인 듯합니다."

영왕은 또 안영에게 당하고 말았어.

"실은 내가 그대를 골탕 먹이려고 꾸민 일이오. 너그럽게 용서해 주시오. 그대에게는 못 당하겠군, 하하하!"

영왕은 잔치를 크게 열어 안영을 환영했어. 나라를 잘 다스리고 백성을 행복하게 할 수 있는 방법을 놓고 대화를 한 다음, 안영을 제나라로 보내 주었지.

안영이 한 말이 바로 '남귤북지'야. 남쪽에 심은 귤나무를 북쪽에 옮겨 심으면 탱자가 된다는 거지. 제주도의 귤나무를 내가 사는 경기도에 심어 보면 어떨까. 하하하!

인생이란 알 수 없는 일이야

새옹지마 塞翁之馬

변방 새, 노인 옹, 어조사 지, 말 마

'시골 노인의 말'이라는 뜻인데, 살면서 좋은 일이 꼭 좋은 일만은 아니고 나쁜 일이 꼭 나쁜 일만은 아니라는군.

안됐네~

아이고~

　옛날 어느 시골에 한 노인이 살았어. 노인은 그냥 평범한 시골 사람이었고, 말을 키웠어. 다른 나라와 경계를 이루는 국경 근처 마을이라 군대도 있었어. 군대는 말이 필요하니까 말을 키워 파는 거야. 그렇다고 말을 많이 키운 건 아니고 두어 마리 정도였어.

　어느 날, 애써 키우던 말 한 마리가 도망쳤어. 잡으러 가려 해도 갈 수 없는 다른 나라로 달아나 버렸어. 마을 사람들이 노인을 위로했지.

　"참 안됐네. 말이 하필 오랑캐 땅으로 도망을 쳤으니 어쩌겠나. 다른 말은 도망 안 간 걸 다행으로 여기게."

"아무렴. 한 마리만 도망친 게 다행일세. 너무 걱정하지 말게."

노인은 그리 나쁜 표정이 아니었어.

"섭섭하기야 하지만. 꼭 나쁜 일이라 할 수 있겠나. 세상일이라는 게 다 그렇지, 뭐."

노인은 애쓰며 키우던 말 한 마리가 도망쳤다고 아쉬워하거나 실망하지 않았어. 그런다고 해서 도망간 말이 돌아오겠어? 노인은 여느 때처럼 밥 잘 먹고 마구간도 잘 고쳤지.

몇 달이 지났어. 새벽에 무슨 소리가 나서 노인이 일어나 방문을 열었어. 그랬더니 말 한 마리가 히이잉, 히이잉거리며 집에 들어오려고 해. 가만히 보니 도망친 자기 말이야. 말 키우는 사람은 자기 말인지 아닌지 금방 알아보나 봐. 노인은 반가워서 얼른 밖으로 나가 말을 쓰다듬었지. 말도 반가운지 히이잉거리며 앞발을 들고 춤추듯 발을 구르고 그랬어. 그런데 그 말 옆에 말 한 마리가 더 있어. 다른 말을 데리고 온 거야. 게다가 데리고 온 말이 아주 좋은 말이었어.

아침이 되어서 소문을 들은 이웃들이 와! 하고 몰려왔어. 모두들 노인을 축하했지.

"하하, 복도 많구려. 도망간 말이 새 말을 데리고 왔으니, 부자가 되었네그려."

"좋긴 뭐가 좋아. 별로 안 좋아."

노인은 시큰둥해. 그다지 좋아하지 않아.

이웃들은 노인이 내숭 떤다고 생각했겠지. 좀 이상하잖아. 잃었던 말이 집을 다시 찾아오면서 좋은 말까지 데리고 왔는데도 기뻐하지 않다니. 그야말로 복덩이 말인데 왜 안 좋아해.

그러거나 말거나 노인은 예전처럼 말을 돌보고 그냥저냥 살았어. 노인에게 아들이 하나 있는데 말타기를 아주 좋아해. 말 타는 사람들은 좋은 말을 척 알아본대. 아들이 보기에 새로 온 말은 아주 좋은 말이야. 말을 타면 바람같이 달릴 것 같아.

아버지는 허락하지 않았어. 공짜로 생긴 것이라 좋지 않은 일이 생길 것 같아서 타지 말라고 한 거야.

그런데 원래 좋아하는 일을 못 하게 하면 몸이 더 근질근질하잖아. 아들은 아버지 몰래 말을 꺼내 올라탔어. 정말 훈련이 잘된 말이었어. 벌판을 달리면 바람처럼 빠를 것 같았지. 하지만 아버지가 무서워서 그럴 수는 없고. 몰래 조금씩 조금씩 타 봤어.

그러던 어느 날, 아들은 아주 멀리까지 신나게 달렸어. 들판을 가로질러 바람처럼 달렸지. 그러다가 그만 말에서 떨어져서 다리가 부러지고 말았어. 정말 아팠지만, 아버지가 알면 더 혼날 것 같았어. 하지만 다리가 부러졌는데 어떻게 아버지가 모르겠어.

아들은 끙끙거리면서 다리를 질질 끌고 집에 돌아왔어. 옛날

 시골에 병원이 있을 리가 없지. 그냥 방에 누워 상처가 잘 아물기를 기다릴 수밖에 없었어. 그냥 두면 다리를 제대로 쓰지 못하게 될지도 몰라. 옛날이나 요즘이나 어른 말을 잘 들어야 하는데 큰일이네.
 이웃 사람들이 또 몰려와서 노인에게 위로를 한마디씩 했어. 노인은 뭐 그리 슬퍼하지도 않고 무덤덤한 표정이었지.

"아이고. 아드님 다리가 부러져서 어떡해요. 참 걱정이 많겠어요."

"원숭이도 나무에서 떨어진다더니. 말 잘 타는 아들이 말에서 떨어졌네. 그나저나 다리가 잘 아물어야 하는데."

노인은 그냥 툭 한마디만 하고 마네.

"뭐. 살다 보면 그럴 수도 있는 거지."

하지만 부러진 다리가 쉽게 낫겠어? 아들은 방 안에서 누워 지내다가 일 년이 지나 겨우 일어섰어. 지팡이를 짚고 절뚝거리며 겨우 몇 걸음을 뗄 수 있었지.

"전쟁이다! 오랑캐가 쳐들어온다!"

전쟁이 났어. 옆 나라 군인들이 쳐들어온 거야. 큰일 났네. 전쟁이 나면 군인뿐만 아니라 마을 사람들도 다치거나 죽거든. 젊은 사람들은 전쟁터에 나가 싸워야 하고. 이곳 마을 젊은 사람들도 전쟁에 나가 싸우다가 많이 죽었대. 그런데 다리가 부러져 절뚝거리는 아들은 전쟁터에 나가지 않았어. 다리가 아픈데 어떻게 싸우겠어. 노인은 나이가 많아 전쟁터에 안 갔고. 노인과 아들은 전쟁 통에도 무사했어. 그러자 이웃 사람들이 또

한마디씩 했지.

"전쟁터에 나가서 죽느니 다리가 불편해도 사는 게 낫지. 암. 백번 더 나아. 노인은 복도 많아."

그래서 새옹지마라는 고사성어가 생겼대. 풀어 쓰면 '시골 노인의 말'이라는 뜻이야. 좋은 일이라고 너무 기뻐하거나. 나쁜 일이라고 너무 실망할 필요는 없다는 뜻이라지.

가르치고 배우면서
함께 자란다

교학상장 教學相長
가르칠 교, 배울 학, 서로 상, 길 장

'가르치고 배우면서 함께 성장한다.'는 뜻이야.
제자들은 스승에게 배우면서 깨닫고,
스승은 제자들을 가르치면서 배운다는 것이지.

지금으로부터 약 2,500년 전이니까 아주 옛날에 있었던 일이야. 중국의 사상가이자 학자였던 공자는 대화를 하면서 제자들을 가르쳤어. 교과서도 없고, 받아쓰라고도 하지 않았지. 주로 제자들이 질문을 하고, 공자가 대답을 했어. 그러면 제자들은 그 대답을 자기 생각과 비교해 보거나, 다른 사람이 이렇게 이야기했는데 스승의 생각은 어떤지 물었어.

이런저런 이야기를 나누다 보면 하루해가 다 지나갈 때도 있었어. 그러면 제자가 먹을 것을 구해 오기도 하고, 공자를 알아본 마을 사람들이 음식을 대접하기도 했지. 공자와 제자들은 이 마을 저 마을 다니면서, 또는 정자나 나무 그늘에 앉아서 이야기했어. 그런 것이 다 공부야.

"스승님, 사람은 왜 공부를 해야 하나요?"

어느 날, 제자 하나가 정말 질문 같지도 않은 질문을 했어. 공자를 몇 년째 따라다니면서 공부를 했지만, 왜 공부하는지도 모르고 했나 봐. 하지만 근본을 알고 싶은 제자들은 끊임없이 질문을 했어. 스승은 이런 질문을 받아도 짜증내지 않고 잘 받아주었어. 제자들이 잘 이해할 수 있도록 예를 들어 설명했지.

"옥은 다듬지 않으면 그릇이 되지 못하고, 사람은 공부하지 않으면 도리를 알지 못한다."

옥은 그냥 옥돌이야. 그것을 잘 깎아야 그릇도 만들고 가락지도 만들 수 있겠지. 마찬가지로 사람도 쓸모 있으려면 공부를 해야 한다는 거야. '쓸모 있게'라고 했지만, 이건 사람이 사람 구실을 하는 걸 말해. 사람이라면 마땅히 지켜야 할 것을 '도리'라고 하지. 이를테면 은혜를 입었으면 갚는다든지, 가난한 사람을 도와준다든지, 남에게 해가 되는 말이나 행동을 하지 않는다든지 하는 것 말이야.

어떤 사람이 아는 것은 많은데 그 지식을 나쁜 일에 쓰거나 남을 억울하게 하는 데 이용한다면, 그것은 공부를 제대로 하지 않은 거지.

공자의 제자 중에 자하라는 사람이 있었어. 하루는 자하가 몹시 궁금한 표정으로 물었어.

"가난하지만 아첨하지 않고, 부자이지만 교만하지 않으면 어떠합니까?"

"훌륭하다. 그러나 가난하면서 즐거워하고, 부자이면서 예를 좋아하는 것만은 못하구나."

공자가 조금 생각하다가 제자들을 바라보며 말했어. 제자들

은 모두 귀를 쫑긋했지.

 옛날에는 가난하다는 것은 바로 당장 먹을 게 없다는 의미야. 먹을 것을 구하지 못하면 쫄쫄 굶게 되겠지.

그러다 보면 옳지 않은 일인데도 권력과 재산을 가진 사람의 비위를 맞추는 말을 할 수 있겠지. 이것이 아첨이야. 남에게 잘 보이기 위해 자기와 남을 속이는 것이지.

반대로 부자가 되면 뽐내고 싶어 하잖아. 그래서 큰 집을 사고. 큰 차도 사나 봐. 이런 거 말고도 뽐낼 수 있는 방법이 많을 텐데. 아무튼 부자이면서 소박하고 검소하게 산다는 것도 쉬운 일이 아닐 거야.

공부를 제대로 한 사람이라면 어떨까? 가난해도 남에게 비굴하거나 아첨하지 않을 테고, 부자라도 가난한 사람을 업신여기거나 무시하지 않겠지. 오히려 함께 잘 살아 보려고 더 노력할 거야. 이런 게 바로 공부의 힘이야.

이렇게 스승과 이야기를 주고받으면서 제자들은 공부하는 진짜 이유를 깨닫게 되지. 그건 스승도 마찬가지야.

"좋은 음식이 있다고 해도 직접 입에 넣고 먹어 보아야 그 맛을 알 수 있다. 또한 진리가 있다고 해도 배우지 않으면 그것이 왜 좋은지 알지 못한다. 배워야 자신의 부족함을 알 수 있으며, 가르치면서 비로소 무엇이 어려운지 알게 되기에 더욱 열심히 공부하게 된다. 이렇듯 스승과 제자는 가르치고 배우면서 더불어 성장하는 것이다."

그래. 맞아. 가르치고 배우면서 더불어 성장한다는 말이 바로 교학상장이야. 참 좋은 말씀이지. 제자들을 가르치면서 자신의 부족함을 느끼고 더 열심히 공부하는 선생님이야말로 정말 훌륭한 스승이야. 이 말을 하고 보니, 나도 왠지 가슴이 뜨끔하네. 내가 잘못한 기억들이 떠올라서 말이야.

공자는 참 힘든 형편에서 공부한 분이야. 일찌감치 아버지가 돌아가셔서 홀어머니와 함께 어렵게 생활을 꾸려야 했지. 그러니 제대로 스승을 모시지 못하고 혼자 공부했어. 하지만 궁금한 것이 있으면 상대가 누구든 가리지 않고, 아무리 먼 길이라도 찾아가서 정중하게 물어 배우곤 했지.

이렇게 힘들게 공부했기에 공자는 나중에 제자들에게도 이렇게 가르쳤지.

"배우는 일에는 용감히 나서야 한다. 궁금한 것이 있을 때에는 누구에게라도 배움을 청하는 것이 올바른 태도란다."

스승이라고 해서 모든 것을 다 알 수는 없어. 더구나 모르는 것을 감추기 위해 이리저리 둘러대는 것은 지혜로운 태도가 아니야.

공자는 제자에게 질문을 받고 모르는 것이 있으면, 잘 모른다고 솔직히 털어놓았어.

이날도 제자들과 함께 공부하다 보니 어느덧 배꼽시계가 야단이야.

"자, 밥 먹으러 가자."

공자가 앞장서고 제자들이 그 뒤를 따라갔어. 자하가 먼저 마을로 들어가서 밥 먹을 곳을 알아 놓았거든.

청출어람(靑出於藍)이라는 말이 있어. 이 말은 제자가 스승보다 더 뛰어난 사람이 된다는 뜻이야. 모든 스승은 언제나 제자가 자기보다 더 뛰어난 사람이 되기를 바라면서 가르친단다.

친구라면 이렇게 믿어야지

관포지교 管鮑之交
피리 관, 어물 포, 갈 지, 사귈 교

'관중과 포숙의 사귐'을 말하는데,
아주 친한 친구 사이의 믿음직한 우정을 뜻하기도 해.

옛날 아주 옛날, 중국에 관중이라는 사람이 있었어. 같은 마을에 포숙이라는 사람도 있었어.

관중은 잘생겼고 말도 잘했어. 집이 가난했지만, 그건 관중 탓이 아니야. 가난한 집에 태어났을 뿐이지. 관중은 머리가 좋고 영리했어. 포숙의 집은 잘살았어. 둘이 친구였지.

"관중과 너무 친하게 지내지 마라. 관중은 머리를 약삭빠르게 쓴단다. 언제든지 너를 이용하여 자기가 잘살 생각을 할 거다. 조심하여라."

포숙의 부모님은 걱정이 많았어. 포숙이 관중과 너무 가까이 어울리는 것을 꾸중했어. 하지만 포숙은 관중과 하루 종일 놀았지. 공부도 같이 하고, 음식도 나눠 먹고, 낚시도 함께 했어. 남들 눈에는 관중이 포숙을 꾀어 자기 욕심을 채우는 것처럼 보이기도 했을 거야.

관중과 포숙이 젊었을 때 일이야. 관중이 포숙에게 넌지시 말했어.

"우리도 장사를 해 보면 어떨까?"

"너는 잘생기고 말도 잘하니 무슨 장사를 해도 잘될 것 같아.

그런데 무슨 장사를 하면 좋을까?"

"음. 생선 장사가 어떨까? 시장에 생선 가게가 있긴 하지만. 더 싱싱한 생선을 가져다가 싼 가격으로 팔면 돈을 벌 수 있을 거야. 우리 고장 사람들은 생선을 좋아하잖아. 제사 때도 꼭 생선을 올리고."

"그래. 한번 해 보자."

사실 포숙은 굳이 생선 장사를 할 필요가 없었어. 그런 일 안 해도 먹고살 만했거든. 하지만 관중은 무슨 일을 해서든 돈을 벌어야 했어. 가난했으니까. 포숙은 못 이기는 척 생선 장사할 돈을 마련했어. 그러니까 돈은 포숙이 대고, 장사는 관중이 하게 된 거야. 관중은 밑져야 본전이었겠지.

장사가 잘되었어. 다른 생선 가게보다 싱싱한 생선을 값싸게 판다는 소문이 나서 돈을 제법 벌었어. 날마다 저녁 장사가 끝나면 생선 판 돈을 나눴는데. 관중이 돈을 더 많이 가져갔어. 포숙은 알면서도 모른 척했지. 이웃 사람이 이것을 보고 뭐라 했어.

"관중이 더 많이 챙기는데 왜 가만 있는 거요?"

그럴 때마다 포숙은 빙긋이 웃으면서 대답했지.

"관중은 집이 가난하고 식구도 많지 않소. 그러니 더 가져가는 게 맞아요."

장사라는 게 잘될 때도 있지만 잘 안될 때도 있어. 생선을 너무 많이 사 놨다가 더운 날씨에 다 썩어 버리는 경우도 있고. 싱싱하지 않은 생선을 팔다가 손님이 끊기기도 했지. 다른 생선 가게들도 값을 내려 받자. 생선 장사도 별 재미가 없어졌어. 결국 생선 장사는 망했어. 그래도 포숙은 관중에게 불평하지 않았어. 사람들이 포숙에게 다시는 관중하고 사업을 같이 하지 말라고 했지. 포숙은 그저 허허 웃고 말았어.

좀 더 나이가 들어 포숙과 관중이 함께 전쟁터에 나갔어. 포숙은 늘 앞서서 싸우는데. 관중은 뒤쪽에 숨었어. 사람들은 관중을 가리키며 겁쟁이라고 했지만. 포숙은 그러지 않았어. 한두 번도 아니고 세 번씩이나 관중은 군사들 뒤에 숨었어. 그러나 싸움을 마치고 돌아올 때에는 관중이 늘 맨 앞에서 깃발을 휘날렸지. 사람들이 수근거렸지만. 포숙은 그런 관중을 나무라지 않았어.

"관중이 너무 얄밉습니다. 어찌 저럴 수가 있습니까?"

"모르는 소리 마시오. 관중은 비겁한 것이 아니라. 자기 몸을

아껴 늙은 어머니께 효도하려는 것이오. 사람이란 누구나 때를 잘 만날 수도 있고 아닐 수도 있소. 관중도 때를 잘 만나면 아주 훌륭한 사람이 될 것이오."

남들이 다 자기를 욕해도 포숙만은 자기를 위해 변명해 준다는 사실을 관중도 잘 알고 있었지.

세월이 흘러 관중과 포숙은 나라의 관리가 되었어. 그것도 아주 높은 벼슬이었지. 관중과 포숙이 살던 나라는 중국 제나라였는데. 왕의 동생으로 '규'와 '소백'이 있었어. 그런데 관중은 규의 스승이 되었고. 포숙은 소백의 스승이 되었네. 제나라 왕은 양공이었는데. 똑똑한 자기 동생들이 늘 맘에 걸렸어. 왕이 갑자기 죽으면 동생들이 왕이 될 수도 있거든. 자기 아들이 나이가 어리면 더욱 그래. 그래서 많은 왕들이 남을 의심하곤 했지.

그런 걸 동생들이 모를 리가 없어. 그래서 늘 왕 앞에서 겸손하고 고분고분 말 잘 듣는 척했어. 하지만 왕이 나라를 잘못 다스리고 횡포가 심해지자. 관중은 규를 데리고 다른 나라로 피했어. 포숙도 소백을 데리고 또 다른 나라로 피신했어. 까딱 잘못했다가는 왕의 눈 밖에 나서 죽을 수도 있으니까 그런 것이지.

그런데 양공이 결국 죽고 말았어. 사촌이 양공을 죽인 거야. 하지만 뒤이어 왕의 사촌도 죽자. 그 틈에 관중은 규를 왕으로 만들려고 제나라로 돌아왔어. 포숙도 소백을 데리고 제나라로 돌아왔어. 아무래도 자기가 모시던 사람이 왕이 되게 하려고 노력하겠지.

관중이 규와 함께 급하게 제나라로 가다 보니 포숙이 소백을 데리고 앞서 가고 있네. 먼저 궁에 도착해야 왕이 될 수 있을 테니까. 관중은 포숙과 소백의 마차를 따라 잡을 수 없을 것 같았어. 그래서 몰래 숨어 있다가 소백을 향해 활을 쏘았어.

하지만 화살이 빗겨 갔고, 소백은 목숨을 구했지. 관중은 도망가다 잡혔어. 결국 포숙과 소백이 먼저 제나라 왕궁에 도착하여 왕이 되었어. 궁에 돌아온 소백은 관중을 옥에 가두었지.

왕이 된 소백은 환공이라 불렸어. 환공이 포숙을 재상(지금으로 치면 국무총리)에 앉히려고 하자 포숙이 거절했지. 포숙은 자기보다 더 지혜로운 자가 있다고 하며 옥에 갇힌 관중을 추천했단다. 그러자 환공은 포숙에게 크게 화를 냈어.

"지금 제정신이오? 관중은 나를 죽이려고 활까지 쏜 자요. 지금도 그 화살을 가지고 있소. 그런 자를 재상으로 앉히라니. 나는 불안하여 그렇게는 못 하겠소."

"신하된 자로서 자기가 모시던 분을 왕으로 만들고 싶은 것은 당연한 일입니다. 만일 관중을 재상 자리에 앉히시면, 관중은 환공을 위해 있는 힘을 다할 것입니다. 저를 등용하시면 저는 제나라만 위하겠지만, 관중을 등용하시면 천하를 얻게 될 것이옵니다."

환공은 포숙의 말을 받아들여 관중에게 재상 자리를 맡겼어. 관중이 지혜롭게 일을 잘해서 제나라는 잘살게 되었고, 다른 나라에서 감히 쳐들어오지 못하는 강한 나라가 되었지.

나라를 튼튼하게 하고 백성들이 잘살게 되었을 때 관중은 이런 말을 했어.

"나를 낳아 준 사람은 부모님이지만, 나를 알아준 사람은 포

숙이다."

 친구 사이에 우정을 나타내는 말을 '관포지교'라고 해. 관중과 포숙의 이름에서 앞 글자를 하나씩 따다 붙인 말이지. 내게도 이런 친구가 하나쯤 있으면 참 좋겠네.

| 궁금해요 |

우정에 관한 고사성어

    친구 둘이 산길을 갔어요. 그러다가 곰을 만났지 뭐예요. 한 친구는 얼른 나무 위로 기어올랐어요. 다른 친구는 나무에 오르지 못하고 땅에 엎드려서 죽은 척하고 있었지요. 그런데 곰이 다가오더니 땅에 엎드린 친구 귀에 대고 뭐라고 중얼거리는 거예요. 도대체 무슨 말을 했을까요? 글쎄, 곰이 이런 말을 했다네요.

    "급할 때 먼저 도망가는 친구는 사귀지 마!"

    이것은 먼 옛날 그리스에 살았던 이솝의 우화집에 나오는 이야기랍니다. 그런데 동양의 고사성어에도 친구에 관한 이야기가 많아요. 친구를 잘 사귀는 것은 어느 시대에나 중요한 일이었으니까요. 그럼 좋은 친구의 소중함을 말하는 고사성어를 몇 가지만 소개할게요.

수어지교(水魚之交)

 '물과 물고기의 관계'라는 뜻이에요. 물고기는 물을 떠나면 살 수 없잖아요. 이처럼 떨어져 살 수 없을 만큼 가깝고 친한 사이를 가리킬 때 쓰는 말이에요. 《삼국지》라는 중국 역사소설을 보면, 유비가 제갈공명을 세 번이나 찾아가서 도움을 청하는 장면이 나와요. 결국 제갈공명이 유비의 청을 받아들여 친밀한 관계가 되자, 유비는 둘의 관계를 '수어지교'라고 표현했대요.

문경지교(刎頸之交)

 친구를 위해서라면 자기 목을 내줄 수 있을 정도의 사귐을 뜻하는 말이지요. 이런 친구 하나 있으면 정말 좋겠네요. 옛날 중국에 인상여와 염파라는 사람이 있었는데, 이 두 사람 이야기를 문경지교라 한대요. 더 자세한 내용이 궁금하다면 이야기를 찾아 읽어 보세요.

간담상조(肝膽相照)

 '간과 쓸개를 서로에게 내보인다.'는 뜻이에요. 마음을 터놓고 진실하게 사귀는 걸 말해요. 옛날 중국에 한유와 유종원이란 사람이 있었는데, 이 둘의 우정을 간담상조라 하지요.

단금지교(斷金之交)

　단금은 쇠를 끊는다는 뜻을 담은 한자예요. 서로 도우면 단단한 쇠도 끊을 수 있다는 믿음에서 나온 말이지요. 나도 힘을 합해 큰일을 같이 할 친구를 찾아봐야겠네요.

막역지우(莫逆之友)

　'거리낌 없거나 거스름 없이 죽이 잘 맞는 친구'라는 뜻이에요. '우리는 막역한 사이야.'라고 하면, 서로 거짓과 비밀이 없는 친구 사이라는 말로 쓰이지요.

망년지교(忘年之交)

　나이를 뛰어넘어 사귀는 친구 사이를 말해요. 나이를 조금 더 먹었다고 어른 노릇 하려 들지 않고, 조금 어리다고 깔보지 않는 우정이지요.

지기지우(知己之友)

　'자기 속마음을 알아주는 참다운 친구'라는 뜻이에요. 기쁠 때 함께 웃어 주고, 슬플 때 함께 울어 주는 친구를 말하지요.

백아절현(伯牙絕絃)

　옛날 중국에 거문고 연주를 잘하는 백아라는 사람이 살았어요. 또한 백아의 거문고 소리를 몹시 좋아한 종자기라는 친구가 있었어요. 종자기는 백아가 거문고를 타면 밥을 먹다가도 달려와 그 연주를 들었대요. 종자기가 죽자, 백아는 거문고 줄을 끊고 다시는 연주하지 않았어요. 그러면서 '이제 나의 연주를 제대로 들을 사람이 없다.'고 슬퍼했대요. 정말 대단한 우정이지요.

금란지교(金蘭之交)

　'단단하기가 황금과 같고 아름답기가 난초 향기와 같은 사귐'이라는 뜻으로, 우정이 깊은 사이를 이르는 말이에요. 여러분도 이렇게 깊고 향기로운 우정을 가꾸어 가길 바랍니다.

우리나라 고사성어

널리 인간을 이롭게 한다

홍익인간 弘益人間
클 홍, 더할 익, 사람 인, 사이 간

'널리 인간 세상을 이롭게 한다.'는 뜻으로, 단군의 말씀이야. 단군은 우리 민족이 건국의 시조로 받드는 분이지.

하늘에서 땅으로 내려와 놀다 올라가고. 땅에서 하늘로 올라가 구경 다니다가 내려오던 시절이야. 까마득한 옛날이지. 정말로 그런 옛날이 있었냐고? 그럼. 있었지. 사람과 호랑이가 함께 담배 피우면서 이야기하고. 사람과 곰이 결혼도 하고 그랬는걸. 그런데 언제부터인지 서로 오고 가는 길을 못 찾고 있어.

하늘나라 임금님에게 아들이 하나 있었어. 이름이 '환웅'이야. 참 잘생기고 멋있는 분이었지. 환웅은 늘 땅나라를 바라보며 '한번 가 봤으면', '한번 가 봤으면' 했어. 땅나라는 보면 볼수록 아름답고 아름다웠어. 하지만 하늘나라 임금님이 허락하지 않았어. 땅나라에 놀러 갔다가 올라오지 못하는 일이 잦았으니까.

"딱 한 번만 다녀오겠습니다. 허락해 주세요."

"안 된다. 너는 내 뒤를 이어 하늘나라를 다스려야 한다. 땅나라에 갔다가 무슨 일이라도 생기면 어쩌려고 그러느냐."

"무슨 일이 있긴요. 많은 하늘나라 사람들이 무사히 다녀왔는데요."

"아무튼 안 된다!"

날마다 땅나라만 내려다보던 환웅은 덜컥 병이 났어. 땅나라

에 너무너무 가고 싶어서 병이 난 거지. 이 약 저 약 다 먹어 보아도 소용이 없어. 자꾸 몸이 빼빼 마르고, 잠잘 때 땀을 막 흘리고 헛소리도 해.

 하늘나라 궁궐에는 근심 걱정이 가득했어. 임금님은 더 이상 막지 못하고 환웅이 땅나라 구경 가는 걸 허락했어. 허락이 떨

어지자마자 환웅은 밥도 잘 먹고, 잠도 잘 자고, 기분이 좋아져서 금방 건강해졌어. 하루빨리 땅나라 구경 갈 날만 기다렸지.

"환웅아, 이리 오너라."

환웅이 땅나라에 내려갈 날이 가까워지자 하늘나라 임금님이 불렀어.

"여기서 보면 땅나라가 멋지고 아름답지만, 어떤 어려움이 있을지 모른다. 부디 조심하거라."

"염려 마십시오. 조심해서 다녀오겠습니다."

환웅은 자신 있게 대답했어. 땅나라에 다녀온 사람들에게 이야기를 많이 들었기 때문이지.

"내가 살펴보니, 저기 우뚝 솟은 태백산 근처가 좋겠구나. 산이 아름답고, 기름진 땅도 있고……."

하늘나라 임금님은 환웅에게 황금빛 상자를 하나 주었어. 상자 안에는 거울과 칼 그리고 방울이 들어 있었어. 하늘나라의 귀한 보물이었지.

"어려운 일이 있을 때 너를 지켜줄 것이다."

"감사합니다. 아바마마!"

환웅은 선물을 받고 뛸 듯이 기뻤어. 아버지인 하늘나라 임금님이 자기를 얼마나 사랑하는지 느꼈지.

"부하 삼천 명을 데리고 함께 가거라."

환웅은 큰절을 드리고 하늘나라를 떠났어. 땅나라는 멀리

서 볼 때에는 아름다웠지만, 가까이 가서 보니 근심과 걱정거리도 많은 곳이었어. 땅나라 사람들은 농사를 짓고 사는데, 비가 안 와 농사를 망친 거야.

"우사야. 너는 비를 내려 땅나라를 골고루 적시도록 하라."

환웅은 비를 다스리는 우사라는 신하에게 명령했어. 하늘에서 곧 단비가 내렸어. 땅나라 사람들이 모두 좋아했지.

그런데 비가 내려 좋긴 한데, 바람이 불지 않아 습한 기운이 많아. 땅나라 사람들은 안개가 자욱하고 땅이 질척질척하다고 불평을 했지.

환웅은 풍백이라는 신하를 불렀어. 풍백은 바람을 다스리는 신하야.

"풍백아. 너는 바람을 만들어 땅이 마르게 하라."

풍백이 가슴 가득 공기를 넣었다가 휘익 하고 내뿜었어. 그러자 바람이 일면서 습기가 말끔하게 날아갔어. 나뭇잎이 반짝이고 풀이 춤을 추었지. 땅나라 사람들도 즐겁게 노래 부르고 춤을 추었어. 땅나라 사람들이 즐거워하는 걸 보니 환웅도 기분이 좋았지.

하지만 땅나라 사람들은 또 불평을 했어. 하루 종일 햇볕이 강하게 내리쬐니 너무 더워서 일하기가 힘들다는 거야.

"햇빛을 적당히 가려 주면 좋겠네."

환웅은 운사를 불렀어. 운사는 구름을 다스리는 신하야. 운사는 환웅이 왜 자기를 불렀는지 알아차렸어. 그래서 얼른 구름을 모으거나 흩어지게 했지.

이제 땅나라 날씨가 제대로 되는 것 같아. 환웅이 보기에도 땅나라가 정말 좋아졌어. 하늘나라보다 더 재미있고 아름다워. 그래서 환웅은 고민고민하다가 마침내 결정했지. 하늘나라로 돌아가지 않고 땅나라에서 살기로 말이야. 땅나라 사람들에게도 자기가 꼭 필요할 것 같았어.

"이곳에 새로운 나라를 만들겠다. 모두 행복하고 서로에게 이로운 세상이 될 것이다."

땅나라 사람들도 모두 좋아했어. 하늘에서 온 사람들이 먼저 집을 짓고 길을 만들었어. 곡식 씨앗을 나누어 주고. 약초의 종

류를 알려 주고 병도 고쳐 주었지. 그리고 나쁜 일과 착한 일을 구분하는 지혜도 가르쳐 주었어. 하늘나라 사람과 땅나라 사람들은 서로 어울려서 잘 지냈지.

 땅나라 사람들 가운데 환웅과 결혼하고 싶어 한 이가 있었어. 웅녀라는 여자였어. 환웅도 웅녀가 좋았나 봐. 웅녀의 사연도 재미있는데, 이 이야기는 다른 곳에서 들어 봐.

 환웅과 웅녀는 결혼해서 아들과 딸을 많이 낳았어. 그 가운데 한 분이 단군왕검이야. 단군왕검은 아사달이라는 곳에 고조선이라는 나라를 세웠어. 단군왕검은 나라를 세우면서 '널리 사람을 이롭게 하겠다.'고 했는데. 이 말을 한자로 나타낸 것이 '홍익인간'이야. 고조선은 우리나라 최초의 국가이니까, 홍익인간은 우리나라 정치, 교육, 문화의 최고 가치인 셈이지.

꿈을 사서 왕비가 되었다네

매몽득화 買夢得華

팔 매, 꿈 몽, 얻을 득, 꽃 화

'꿈을 팔아 영화를 얻는다.'는 말로, 대수롭지 않은 일로 큰 이득을 보는 것을 뜻하지.

신라 시대 때 이야기야. 나중에 삼국 통일을 이룬 김유신 장군에게 두 여동생이 있었어. 하나는 보희, 하나는 문희야. 어느 날, 언니인 보희가 꿈을 꾸었어. 신라의 수도 서라벌 서쪽에 있는 산에 올라가 오줌을 눴는데, 눠도 눠도 끝없이 나와. 아이 참, 망측하기도 하지. 아무리 오줌을 멈추려고 해도 멈추질 않네. 한참을 누다가 산 아래를 보니 어머나, 이를 어째! 서라벌이 다 오줌에 잠겼어. 임금님이 계신 궁궐도 잠기고, 왕릉도 잠겼어. 보희는 이를 어째! 이를 어째! 하다가 꿈에서 깼어.

이런 꿈을 꾸면 대부분 이불에 지도를 그리잖아. 보희는 어른이라서 정말로 오줌을 싸지는 않았지만, 꿈 생각만 하면 너무 끔찍한 거야.

"언니, 무슨 좋은 일 있어?"

언니 표정이 이상한지 동생인 문희가 물었어.

"좋은 일은, 무슨! 얘, 생각만 해도 끔찍하다."

"무슨 일인데?"

언니 보희는 동생 문희에게 꿈 이야기를 들려주었어.

"글쎄, 서라벌이 온통 잠기고 물난리가 났지 뭐냐. 어휴, 부끄러워!"

보희는 부끄러워서 얼굴이 붉어졌어. 문희는 그런 언니를 보고 까르르 웃었지.

"언니. 그 꿈 나한테 팔아."

"뭐? 꿈을 팔아? 부끄러운 꿈을 왜 팔아!"

"부끄러우니까 나한테 팔아."

"참. 너도 별나다. 넌 부끄럽지도 않니?"

"마침 여기 비단 옷감 한 벌 있으니 언니가 이걸 갖고. 나한테 꿈을 팔아."

문희는 보희에게 갖고 있던 비단을 건넸어. 보희도 엉겁결에 비단을 받았지. 그렇게 보희는 동생에게 꿈을 팔았어. 아니. 동생이 언니 꿈을 산 거야.

김유신 집에 김춘추가 놀러 왔어. 두 사람은 집 앞마당에서 축국이라는 공차기를 하고 놀았어. 오늘날로 치면 축구 비슷한 운동이야. 그런데 한참 놀다가 김유신이 잡아당기는 바람에 김춘추의 옷고름이 뜯어지고 말았지.

"이걸 어쩌나! 어서 벗게. 내가 들어가서 얼른 꿰매 달라고 할 테니."

"아닐세. 그냥 가겠네."

"옷매무새가 이래서야 쓰겠나. 내게 누이동생이 둘 있는데. 바느질 솜씨가 괜찮네. 얼른 벗어 주게."

김유신은 김춘추를 데리고 방으로 들어갔어. 그리고 보희를 불렀지.

"여기 이 옷 좀 꿰매거라."

"오라버니, 저는 부끄러워 할 수가 없습니다. 문희에게 시키십시오."

"그래. 알았다."

이번에는 동생 문희를 불렀어. 문희가 방으로 들어왔지.

"오라버니. 제가 예쁘게 꿰매 드릴게요."

그게 인연이 된 것인지. 아무튼 그 뒤로 김춘추가 김유신 집에 부쩍 자주 놀러 오는 거야. 와서 맛있는 것도 먹고. 술도 마시고. 책도 읽고. 어떨 때에는 자고 가기도 해. 나중엔 김유신이 없어도 놀러와. 문희를 보러 오는 거지.

어느 날. 집에 돌아온 김유신이 불같이 화를 내면서 문희를 잡아오라고 호통을 쳤어.

"여봐라. 당장 문희를 데려 오너라."

문희가 뭔가 잘못했나 봐. 문희는 벌벌 떨었어.

"바른대로 말하거라. 네가 아기를 가진 게 사실이냐?"

문희는 고개를 끄덕이며 눈물을 철철 흘렸어.

김유신은 문희를 불태워 죽이겠다고 펄펄 뛰었어. 소문이 금방 서라벌에 다 퍼졌지. 그러니 김춘추도 이 소문을 들었겠지. 그러던 어느 날. 김유신은 선덕여왕이 남산으로 소풍 간다는 소식을 들었어. 김유신은 마낭 한가운데에 장작을 가득 쌓고 불을 질렀어. 그 연기가 선덕여왕의 눈까지 들어왔지. 선덕여왕이 김춘추에게 말했어.

"그대의 낯빛이 변하는 걸 보니 예삿일이 아닌 것 같소. 지금 바로 해결책을 찾아보는 것이 어떻겠소?"

김춘추는 서둘러 김유신의 집을 찾아갔어. 그리고 김춘추는 문희와 정식으로 혼례를 올렸단다.

그 뒤 선덕여왕. 진덕여왕 다음으로 김춘추가 왕이 되었어. 신라 제29대 임금인 무열왕이지.

문희는 어떻게 되었냐고? 당연히 왕비가 되었지. 비단 치마를 주고 산 꿈이 좋은 꿈이었나 봐. 그럼 꿈을 판 보희 언니는 어찌 되었을까? 그야 뭐. 잘 먹고 잘 살았겠지. 그런데 꿈을 안 팔았으면 보희가 왕비가 되었을까? 그건 알 수 없는 일이야. 하하하!

임금님 귀는 당나귀 귀다!

왕이려이 王耳驢耳

임금 왕, 귀 이, 당나귀 려, 귀 이

'임금님 귀는 당나귀 귀' 라는 말로,
비밀을 유지하기가 참으로 어렵다는 뜻이야.

이번엔 신라 경문왕 이야기야. 경문왕은 왕이 되기 전에는 화랑이었고, 그때 이름이 응렴이야. 응렴은 다른 화랑 친구들과 토론을 하며 여기저기 여행을 다녔어. 글도 배웠지만, 말타기와 활쏘기도 했어. 이런 게 다 화랑의 공부였지.

하루는 여행에서 돌아왔는데 헌강왕이 응렴에게 물었어.

"나에게 딸이 둘 있는데, 자네를 사위 삼고 싶네. 누구랑 결혼하겠나?"

"결혼은 저 혼자 하는 것이 아니니 집에 가서 상의하겠습니다."

"언제까지 답을 주겠나?"

"사흘만 여유를 주십시오."

"그래, 좋은 소식 기다리고 있겠네."

집에 돌아온 응렴은 가족회의를 했어. 왕의 사위가 된다는 것은 참 좋은 일인데, 딸이 둘이니 잘 선택해야 해. 가족들은 모두 첫째 공주를 반대했어. 못생기고, 세 가지 '씨'가 부족하다나. 세 가지 씨란 솜씨, 말씨, 마음씨였지.

"누가 봐도 둘째 공주야. 두말하면 잔소리지. 얼굴 예쁘고 솜씨 좋은 둘째 공주가 응렴이 짝이라고."

응렴이도 둘째 공주가 맘에 들었어. 장가갈 생각에 싱글벙글 했지. 이제 궁궐에 가서 이런 결정을 알리려는데, 웬 스님이 대문 밖에서 중얼중얼해. 나가 보니 그 스님이 묻는 거야.

"좋은 일이라도 있습니까? 얼굴에 신났다고 쓰여 있습니다."

"장가를 갑니다. 헤헤."

"아, 그래서 신나셨구나. 그래. 아내 될 분은 누구지요?"

응렴은 스님에게 누가 들을세라 귓속말로 소근거렸어.

"둘째 공주인데 무척 예쁘답니다. 헤헤."

"아하. 그렇군요. 하지만 첫째 공주도 아직 혼인을 안 했는데 어쩌지요."

"그게 무슨 큰 문제가 되겠습니까?"

"제가 볼 때는 첫째 공주에게 장가드는 것이 좋을 듯합니다."

어찌어찌하여 응렴은 헌강왕의 맏딸과 결혼을 했어. 스님이 그게 좋다고

 하니. 그렇게 한 거지. 왕과 왕비는 무척 좋아했어.

 그런데 왕이 갑자기 병이 났어. 이러다가 곧 세상을 뜰 것 같아. 이를 어쩌나. 돌아가시기 전에 다음 왕을 세워야지. 큰일 났네. 큰일 났어. 왕은 딸만 둘이고, 아들이 없어. 하는 수 없이 맏사위에게 왕위를 물려줘야지. 딸이 왕이 되면 왜 안 되냐고? 글쎄 말이야. 아무튼 옛날에는 그런 일이 쉽지 않았나 봐.

 아무튼 이렇게 해서 응렴이 왕이 되었어. 신라 제48대 왕인 경문왕이야. 장가를 잘 가서 왕이 된 거야. 이거 뭐. 도랑치고 가재 잡은 셈이야. 참 좋네. 참 좋아.

그러고는 아직 시집을 안 간 둘째 공주에게도 청혼을 했어. 그때는 그래도 되었나 봐. 허허. 어쩌면 왕이니까 이런 일도 가능했겠지.

그런데 경문왕은 비밀이 많았어. 밤만 되면 경문왕이 잠자는 방에 뱀이 몰려드는 거야. 이런 끔찍한 일이 있나. 그런데 경문왕은 잠도 잘 자고 무서워하지도 않아. 신하들이 병사를 시켜 뱀을 모두 잡아다가 멀리 놓아줬어. 신라는 불교 국가라서 함부로 생명을 죽이지 않았거든.

"어휴. 뱀들이 왜 임금님 방에 몰려드는 거야?"

"힘들어 죽겠어. 날마다 열 마리도 넘는 뱀을 잡아야 해."

"임금님은 안 무서운가 봐. 뱀이 나와도 잘 주무셔."

"하지만 왕비님은 어떻겠어."

"그래서 요즘에는 따로 주무신다잖아."

신하들이 수군거렸어. 소문이 삽시간에 널리 퍼졌지. 그러거나 말거나. 경문왕은 정치를 잘하고 백성들은 편안했어.

"뱀이 자꾸 나타나서 큰일입니다. 어떻게 다른 방도를 세워야겠습니다."

하루는 신하가 경문왕께 말했어. 잠자는 방을 바꾸던지, 따로 건물을 짓든지 해야겠다는 거야.

"괜찮소. 신경 쓰지 마시오. 뱀도 내가 좋은가 보오. 하하하!"

그런데 소문이 하나 더 늘었어. 경문왕이 잠잘 때 혀를 뱀처럼 날름거리면서 잔다는 거야. 그럼 경문왕이 뱀이었나?

이상한 일은 또 있었어. 왕위에 오르자마자 경문왕의 귀가 점점 길어지는 거야. 당나귀처럼. 당나귀 귀가 뾰족하잖아. 평소에는 모자를 쓰고 있어서 귀가 길어졌는지 어떤지 잘 몰라. 심지어 왕비도 잘 몰라. 옆에서 만날 붙어 사는 신하들도 몰라. 딱 한 사람만 알아. 누구냐고? 바로 모자 만드는 복두장이야.

옛날 사람들은 모자를 즐겨 썼어. 모두 맞춤 모자지. 복두장이가 모자를 만들려면 머리를 만지고, 머리 둘레도 재야겠지. 그리고 만든 다음엔 잘 어울리는지 봐야 하니. 귀가 큰지 작은지도 알게 되잖아. 처음에는 복두장이도 잘 몰랐어.

"임금님. 귀가 이상합니다. 자꾸 커지는 것 같습니다."

"그런가? 나는 잘 모르겠는데."

경문왕은 시치미를 뗐어. 귀가 대나무처럼 쑥쑥 자라는 게 아니고 손톱처럼 아주 조금씩 자라니까. 처음엔 잘 모르지. 복두장이는 고개를 갸웃갸웃거렸어. 복두장이도 처음엔 별로

신경 쓰지 않았지. 그런데 갈수록 귀가 커지는 거야. 그러니 모자도 계속 길어질 수밖에 없지. 그러다가 결국에는 귀가 당나귀처럼 커진 거야.

"아무에게도 말하지 마라."

경문왕이 복두장이에게 명령했어. 사람들이 수군거리는 것이 싫었거든. 복두장이는 죽을 때까지 아무에게도 임금님 귀는 당나귀 귀라고 말하지 않았어. 임금님이 말하지 말라고 해서 그런 것도 있지만, 비밀을 지키고 싶었거든.

하지만 복두장이가 언제부터인가 병이 나서 시름시름 아파. 늙어서 그런 것도 있겠지만. 까닭 없이 아파. 그래서 스님을 찾아갔지. 옛날에는 스님에게 가서 많이 물어보았나 봐. 스님의 처방이 나왔어. 말을 못해서 생긴 울화병이래.

"저기 대나무 숲에 가서 속 시원하게 큰 소리로 말해 버리세요."

복두장이는 도림사 뒤편에 있는 대나무 숲 깊숙한 곳을 찾았어. 그리고 큰 소리로 외쳤지.

"임금님 귀는 당나귀 귀다! 당나귀 귀다! 어이구. 시원해. 십 년 묵은 체증이 다 내려가는구나."

그런데 또 이상한 일이야. 바람만 불면 대나무 숲에서 이런 소리가 나는 거야.

"임금님 귀는 당나귀 귀다! 당나귀 귀다!"

'임금님 귀는 당나귀 귀'라는 말이 바로 '왕이려이'야. 그런데 정말로 그런 일이 있었냐고? 그건 나도 모르지. 하하하!

아차, 실수했다!

아차실기 峨嗟失期
산이름 아, 슬플 차, 잃을 실, 기회 기

"아차, 기회를 놓쳤네!"
잘못을 깨달았거나 좋은 기회를 놓쳤을 때
무의식적으로 나오는 말이야.

옛날하고도 아주 옛날. 공부를 많이 해서 점도 잘 보는 사람이 있었어. 옛날엔 점 보는 책이 많았나 봐. 얼굴이나 손금을 보고 점을 치거나, 태어난 날과 시간으로 점치기도 했어. 하늘의 별을 보고 나라의 운명을 점치는 사람도 있었어. 그런데 일제 강점기 시절에 미신이라고 하면서 이런 책들을 불태워 버렸어. 그래서 이젠 몇몇 사람만 점 보는 공부를 하지.

아무튼 이 점쟁이는 임금님 곁에서 점치는 일을 했어. 그러던 어느 날, 하루 종일 남의 점만 봐 주던 점쟁이는 자기 운명이 궁금해졌어. 그래서 자기가 앞으로 어떻게 될지 살펴보았어.

"아, 내가 모년 모월 모일에 죽는구나!"

자기가 죽는 날을 안다는 것은 고통스러운 일일 거야. 그런데 정말 용한 점쟁이는 살아날 길도 알 수 있대. 그래서 이 점쟁이도 자기가 어떻게 하면 살 수 있는지를 점쳐 보았지. 그랬더니 이런 점괘가 나오는 거야.

'임금님 용상 밑에 숨어 있으면 살 수 있다.'

아, 용상이라면 임금님이 앉는 의자인데, 어떻게 그 밑에 숨어. 잘못하다가는 잡혀서 죽을 텐데. 그래도 어쩌겠어. 밑져야 본전이지. 말이라도 해 보고 죽어야지.

"전하. 저는 모년 모월 모일에 죽을 팔자입니다."

"사람이란 한번 태어나면 언젠가 죽는데. 너는 점쟁이라 죽는 날도 아는구나."

"목숨이 다하여 죽는데 어찌 죽는 것이 두렵겠습니까."

"그렇다면 나에게 간청할 게 무엇인가?"

"전하께서 앉아 계신 용상 밑에 제가 숨었으면 합니다. 그러면 저승사자도 감히 저를 저세상으로 데려가지 못한다고 합니다. 제 운명을 시험해 보고 싶습니다."

"그거 재미있겠는데. 네가 얼마나 점을 잘 치는지 알 수 있겠구나."

임금님은 그래서 허락했어. 저승사자가 온다는 날에 의자 밑에 점쟁이를 숨겨 주기로 말이야. 뭐. 사실 어려운 일도 아니잖아. 술래잡기 같은 거지.

마침내 그날이 왔어. 점쟁이는 깨끗한 옷을 차려입고 용상 밑에 숨었어. 거기에 점쟁이가 숨어 있는지 아무도 몰라. 임금님만 알지만 누구에게도 말을 안했지. 하루 종일 있어도 아무 일도 안 일어났어.

"죽었나?"

"아닙니다."

"죽었나?"

"아직 살아 있습니다. 그런데 임금님 방귀 좀 그만 뀌세요. 냄새가 지독합니다."

"하하하. 어쩌겠나. 그 정도는 참아야지."

점쟁이는 하루 종일 숨어 있기도 힘들었지만, 얼마나 조마조마하겠어. 그런데 임금님이 자꾸 묻는 거야. 하긴 임금님도 궁금했겠지.

"죽었나, 살았나?"

"살아 있습니다."

"죽었나, 살았나?"

"살아 있습니다."

"오호, 고거 신통하다. 점괘가 정말 맞는가 보다."

이제 해가 서쪽으로 뉘엿뉘엿 넘어가기 시작해. 조금만 더 견디면 죽지 않고 살 수 있을 것 같아.

'혹시 점쟁이가 내 자리에 앉고 싶어서 거짓말을 하는 게 아닐까?'

임금님은 슬그머니 이런 의심이 들었어.

그때. 쥐 한 마리가 용상 앞으로 지나가다 신하들에게 잡혔어. 옛날에는 궁궐에도 쥐가 많았나 봐. 하여간 쥐가 잡혀서 임금님 앞에서 바둥거렸어. 임금님은 점쟁이가 정말 점을 잘 치는지 시험해 보고 싶었어.

"방금 쥐가 내 앞을 지나가다가 잡혔다. 모두 몇 마리인지 맞춰 보아라."

"예. 세 마리입니다."

임금님이 묻자마자. 점쟁이는 냉큼 대답했어.
그 정도야 식은 죽 먹기라고 생각했거든.

"몇 마리라고?"

"세 마리입니다."

"다시 잘 세어 보거라."

"아유. 세 마리라니까요. 분명합니다."

임금님은 화가 났어. 쥐가 한 마리 잡혔는데. 점쟁이는 자꾸 세 마리라고 하니 엉터리라고 생각한 거지.

"여기가 감히 어디라고!"

임금님은 냅다 소리쳤어.

"여기 수상한 녀석이 있다. 어서 잡아 사형에 처하라."

용상 밑에 숨어 있던 점쟁이가 끌려나왔어. 하루 종일 숨어 있어서 그런지 얼굴이 땀범벅이야. 머리는 헝클어지고 옷도 잔뜩 구겨졌어.

신하들은 모두 놀랐어. 점쟁이가 용상 밑에 숨어 있다니!

그것은 자기가 임금이 되고 싶다는 뜻이거든. 물어볼 것도 없이 바로 사형이지.

"조금만, 조금만 기다려 주십시오!"

점쟁이는 사형장으로 끌려갔어. 옛날엔 한강 모래밭에 사형장이 있었나 봐.

'아, 정말 죽으려나 보다. 잘하면 살아날 수도 있는 점괘였는데. 참 알다가도 모를 일이구나.'

점쟁이는 이렇게 생각하면서 한강으로 끌려갔지.

임금님도 고개를 갸웃거렸어. 한 번도 틀린 적이 없던 점쟁이가 이번에는 틀렸거든. 그리고 너무 자신있게 세 마리라고 말했잖아.

"아무래도 이상하다. 쥐의 배를 갈라 보거라."

신하들이 쥐의 배를 가르자, 거기에서 새끼 두 마리가 나오지 뭐야.

"아, 세 마리구나! 점쟁이 말이 맞았어!"

임금님은 그제야 후회했지만 늦었어. 이미 늦은 일이었지. 아무튼 이런 일이 있은 뒤로 '아차실기'라는 말이 생겼대.

흰 옷을 입고 전쟁터로

백의종군 白衣從軍

흰 백, 옷 의, 좇을 종, 군사 군

'흰옷만 걸친 채로 싸우러 나간다.'는 뜻이야.
아무런 벼슬 없이 전쟁에
나가는 것을 가리키는 말이지.

지금부터 400년도 더 전에 있었던 일이야. 그러니까 옛날은 옛날이지. 나라에 큰 전쟁이 났어. 일본 군대가 바다를 건너 우리나라로 쳐들어왔어. 임진왜란이라는 전쟁이 일어난 거야.

온 힘을 다해 막았지만, 당해 낼 수가 없었어. 일본은 오랫동안 전쟁 준비를 해 왔지만, 조선은 싸울 준비를 전혀 안 하고 있었거든.

일본 군대가 배에 병사들과 무기를 가득 싣고 부산에 도착했어. 그리고 고작 보름 만에 한양까지 쳐들어왔다니 말 다했지, 뭐. 일본 군대는 조총이라는 서양식 총을 들고 왔어. 조선 병사는 활을 쏘는데, 일본 병사는 빵! 빵! 하고 총을 쏘았지. 그러니 처음 듣는 총소리에 조선 병사들이 얼마나 놀랐겠어. 아마 질겁을 해서 그냥 도망가기에 바빴을 거야.

일본이 쳐들어올 줄 몰랐냐고? 알 사람들은 알았어. 그런데도 이렇게 당했으니 참 안타까운 일이지. 유비무환(有備無患)이라는 말이 있어. '미리 준비를 잘 하고 있으면 걱정할 일이 없다.'는 뜻이야. 하지만 준비를 제대로 안 하면 당하는 거지. 전쟁뿐만 아니라, 우리가 살아가는 일도 비슷해. 무슨 일이든 미리 준비하는 사람은 어떤 일이 닥쳐도 당황하지 않아.

조선의 임금인 선조는 전쟁이 일어나기 몇 년 전에 사신 두 사람을 일본에 보냈어. 일본이 도대체 어떤 상태인지 알아보려는 거였어. 오늘날로 치면 외교관을 보낸 셈이지. 그런데 일본에 갔다 온 두 사람이 보고하는 내용이 서로 달랐어. 황윤길이라는 사신은 일본이 전쟁 준비를 하고 있으니 빨리 대책을 세워야 한다고 했어. 그런데 김성일이라는 사신은 일본은 전쟁은커녕 제대로 먹고살기도 힘들다고 주장했지.

선조 임금은 누구 말을 들었을까? 그래. 맞아. 전쟁이 일어나지 않을 거라고 주장한 신하의 말을 들었어. 선조는 오히려 황윤길을 야단쳤어. 괜히 흉흉한 소문을 내어 백성들만 불안하게 한다고 말이야. 그런데 얼마 지나지 않아 전쟁이 나고 만 거야.

선조 임금은 피난을 갔어. 허둥지둥 평양으로 갔다가. 그것도 불안해서 의주로 갔지. 의주가 어디냐고? 의주는 바로 앞에 압록강이 흐르는 곳이야. 압록강을 건너면 중국 땅이지. 선조 임금이 왜 의주로 갔는지 알겠다고? 그래. 맞아. 여차하면 중국으로 피난 갈 생각이었지. 중국으로 가면 안전할 거라고 생각한 거야.

중국은 일본이 자기 나라까지 쳐들어올까 봐 불안했어. 당시의 중국은 명나라라고 불렀지. 명나라는 어찌할까 고민했어. 그런데 조선이 명나라한테 도와 달라고 청한 거야. 그러자 명나라는 처음엔 군사를 5,000명쯤 보냈어. 중국 땅에서 전쟁하는 것보다는 조선 땅에서 전쟁하는 게 더 낫다고 여겼겠지. 그런데 명나라 군대도 일본군에게 패하고 말았어.

명나라는 아주 기분이 나빴어. '중국이 세상의 중심'이라고 생각하고 있었는데, 자존심이 상한 거야. 그래서 이번엔 계급이 더 높은 장군과 군사 몇만 명을 보냈어. 조선 군대는 명나라 군대와 힘을 합해 평양과 한양을 되찾기도 했어.

그러자 머리끝까지 화가 난 일본 병사들은 조선 백성을 마구 괴롭혔어. 명나라 병사들도 조선 백성을 괴롭혔어. 자기 나라 사람이 아니라고 함부로 한 거지. 이래저래 조선 백성들만 죽고, 재산과 곡식을 빼앗기고, 집도 불타고 그랬지.

조선 백성은 스스로 군대를 만들어 일본군과 싸우기도 했어. 이런 훌륭한 사람들을 의병이라고 해. 정식 군인은 아니지. 일본 군대가 나쁜 짓을 워낙 많이 하니, 화가 난 백성들이 낫이나 괭이 같은 것을 들고 모인 거야. 심지어는 스님들까지 나서서 싸웠어. 일본 군대가 우리 땅을 빼앗고 우리 백성들을 죽이니 이를 보다 못해 나선 거야.

일본 군대는 배를 이용해서 새로운 병사들과 무기를 날라 오고, 다친 병사들은 자기네 나라로 데려갔어. 우리나라에서 소중한 문화재들을 빼앗아 가기도 했지. 그래서 바다가 중요해.

하지만 조선에는 이순신 장군이 있었어. 이순신 장군은 배를 타고 바다를 누비면서 일본 배들을 보이는 대로 쳐부쉈지. 일본 군대는 이순신 장군의 깃발만 보이면 모두들 도망치기에 바빴어.

전투마다 승리했으니 선조 임금이 이순신 장군을 몹시 아꼈겠다고? 사실은 그 반대였어. 이순신 장군이 비겁한 장수라고 소문을 내는 사람들이 있었어. 임금을 속이고 있다고 누명을 씌운 거야. 자꾸 이런 모함을 듣다 보니 선조 임금은 정말로 이순신 장군이 어떤 꿍꿍이를 갖고 있는 줄 알았지.

"당장 이순신을 잡아들여라!"

임금의 명령이 떨어지기 무섭게 이순신 장군이 한양으로 잡혀왔어. 한 달 정도 옥에 갇혀 모진 고문을 받았지. 잘못이 없다고 아무리 말해도 소용없었어. 그러는 사이에 일본 배들이 남쪽 바다를 휩쓸고 있었어. 백성이 당하는 고통이야 이루 말할 수 없는 지경이었지.

"이순신을 다시 전쟁터로 보내야겠습니다."

상황이 이렇게 되자. 신하들이 먼저 청했어. 그러자 선조 임금은 마지못해 이순신에게 다시 싸움터로 나가라고 명했지. 그런데 그 명령이 이상해. 갑옷을 벗고 나가서 싸우라는 거야. 갑옷은 전쟁에서 장군이 입는 거야. 그런데 갑옷을 벗고 전쟁터에 나가라면 졸병으로 싸우라는 말이지.

이순신은 아무 말 없이 다시 전쟁터로 나갔어. 하얀 저고리를 입은 상태로 싸운 것이지. 하얀 저고리를 입고 전쟁터로 갔다고 해서 '백의종군'이라고 해. 백의는 하얀 옷이란 뜻이고. 종군은 군대에 간다는 뜻이야.

이순신이 바다로 와 보니 배는 몇 척 남아 있지 않고. 무기는 부족하고. 병사들의 사기도 땅에 떨어진 상태였어. 도저히 싸우기가 힘들 지경이었지. 그래도 이순신은 병사들을 격려하며 힘을 합해 일본 군대를 무찔렀어.

이렇게 공을 세우면서 다시 계급이 올라가서 이순신은 수군통제사에 올랐어. 이제는 조선 수군 전체를 지휘하는 장군이 된 거야. 이순신 장군은 온 힘을 다해 일본 군대를 무찌르다가 바다에서 돌아가셨어. 바로 그 순간에도 이순신 장군은 "나의 죽음을 적에게 알리지 말라."는 말씀을 남겼지.

정말이지 이순신 장군이 없었더라면 우리나라는 어떻게 되었을까? 생각만 해도 아찔한 일이야.

대동강 물을 팔아먹다니

공수편매 共水騙賣
한가지 공, 물 수, 속일 편, 팔 매

모두 함께 마셔야 할 물을 속여서 판다는 뜻이야.
남을 감쪽같이 속일 때 이런 표현을 쓴다더군.

옛날 평양 땅에 김선달이 살았어. 아주 똑똑했지만 매번 과거에서 떨어졌지. 고향으로 돌아 온 김선달은 대동강 옆 주막에서 막걸리나 마시면서, 가끔가다 시를 지으면서 하루하루 지냈어. 쉽게 말해 백수건달이지, 뭐.

옛날 평양 사람들은 대동강 물을 퍼다 먹었어. 양반집 하인들도 하루 종일 물을 길어다 집에 있는 항아리 가득 채워 놓아야 했지. 대동강가에는 강물을 퍼서 집집마다 날라다 주는 물장수들도 있었어.

그런데 대동강가 주막에서 쉬고 있는 물장수들에게 김선달이 시원한 막걸리를 한 사발씩 주는 거야. 그러면서 뭐라고 소곤소곤 말해. 김선달 이야기를 다 듣고 난 물장수들은 고개를 끄덕하고. 막걸리를 얻어먹었잖아.

"어렵지 않지. 내 돈 들어가는 것도 아니고."

"그런 부탁이라면 식은 죽 먹기요. 아무튼 막걸리는 고맙소."

다음 날 아침. 김선달은 일찌감치 주막 근처에 자리 잡고 앉았어. 바구니를 하나 놓고 담배를 피워 물고 있었지. 그러자 물장수들이 그 앞을 지나가면서 동전을 한 닢씩 던져 놓는 거야.

김선달은 종이에 붓으로 무슨 표시를 하는지 점을 찍고 있고. 밤이 되자. 김선달은 또 물장수들에게 막걸리를 사 주면서 동전을 몇 닢씩 주었지. 김선달과 물장수들이 한 일주일 정도 그랬나 봐.

이때. 평양에 한양 사람들이 많이 와 있었어. 평양의 좋은 물건을 싸게 산 다음. 한양에 가지고 가서 비싸게 팔아먹는 상인들이야. 그런데 김선달이 대동강가에서 물장수들에게 물을 판다는 소문을 들은 거야. 한양 상인들이 김선달 앞으로 몰려들었지.

"여기서 뭐하시오."

"물값 받고 있죠. 저리 비키셔요. 방해돼요."

"대동강 물이 당신 것이오?"

김선달은 대답하는 것도 귀찮다는 표정으로 담배만 뻐끔뻐끔 피웠어.

"나도 이 짓 하기가 힘듭니다. 하루 종일 여기 나와서 이러고 있는 게 쉬운 줄 아셔요?"

김선달은 오히려 딴청을 피웠지. 한양 상인들은 안달이 났어. 김선달이 가만히 앉아서 돈을 긁어모으는 것 같았거든.

마침내 한양 상인 중에 한 사람이 소리쳤어.

"내게 파시오!"

"네? 무얼요?"

"저 대동강 물을 내게 파시오!"

"에이. 어림없는 소리 하시네. 대동강 물을 왜 팔아요?"

"그러지 말고 내게 파시오. 값은 넉넉하게 주겠소."

그러자 다른 상인들도 너나없이 자기에게 팔라고 난리를 쳤어. 나중에는 먼저 사겠다고 자기들끼리 막 싸웠지.

"나는 이백 냥 주겠소."

"이백 냥이라⋯⋯ 어디 보자. 하하. 하루에 이십 냥씩만 받아도 열흘이면 이백 냥인데. 누가 그런 턱도 없는 소리를 하셔? 여기 하루 종일 앉아 있는 것은 쉬운가?"

"그럼. 기간을 정해 놓고 한 달에 삼백 냥. 아니 사백 냥 주겠소. 사백 냥!"

"무슨 소리야. 난 한 달에 오백 냥 주겠소. 오백 냥!"

김선달은 못 이기는 척하고 딱 한 달만 대동강 물을 오백 냥에 팔기로 했어. 다른 상인들은 대동강 물을 산 사람을 부러워했지.

다음 날, 한양 상인이 대동강 물을 길러 오는 길목으로 나왔어. 맞아. 새벽 일찍 일어나서 김선달이 바구니 놓고 앉아 있던 그 자리에 나와 앉았지.

한양 상인이 느긋하게 담배를 뻐끔뻐끔 피우고 있으니까. 그제야 물장수들이 물지게를 지고 오기 시작해. 그런데 바구니 앞을 그냥 지나치네. 어라, 이상하다. 다음 물장수도 그냥 지나쳐. 어, 왜 이래? 이것들이 물값을 안 내고 그냥 가네!

"여보, 여보쇼. 이리 와 보소!"

"물지게 지고 힘든데 왜 불러요?"

"저런, 저런, 말투 좀 보게."

"아, 힘든데 불러 세우니까 그렇죠. 물지게 한번 져 봤어요? 얼마나 힘든데!"

"힘드니까 여기서 쉬면서 물값도 내고 가야지!"

"물값? 뭔 물값!"

"어제도 그제도 잘 내더니 오늘따라 왜 그려?"

물장수도 어리둥절하고, 한양 상인도 어리둥절해. 그 사이에 물지게를 진 물장수들도, 물동이를 머리에 인 아낙들도 막 지나가네. 한양 상인은 큰일 났어. 물값을 받아야 하는데 그냥 지나가면 어떻게 해. 한양 상인은 물값 받는 사람이 바뀌어서 그런가 싶었어. 아이고, 이거 뭔가 큰일이 났구나.

"어제는 잘 내던 물값을 오늘은 왜 하나도 안 내는 거요? 내가 어제 김선달에게 대동강 물을 오백 냥에 샀단 말이오. 오백 냥!"

"예? 대동강 물을 오백 냥에 샀다고요? 다들 그냥 퍼다 먹는 강물을 왜 사요?"

"그럼 어제 여기서 바구니에 돈 던져 놓고 간 것은 뭐였소?"

"그거야 놀이지요. 하도 심심하니까 먼저 받았다가 지나가면서 한 냥씩 던져 놓기로 한 거요."

"뭐요? 김선달이란 놈이 여기서 바구니 놓고 물값을 받기에. 대동강 물만 사면 나도 돈 받을 줄 알았지. 아이고. 내 돈! 내 돈! 난 망했다!"

부랴부랴 김선달을 찾아 나섰지만. 김선달은 벌써 줄행랑을 친 뒤였어. 한양 상인은 큰돈을 쉽게 벌려다가 웃음거리가 되었어. 엉엉 울어도 소용없었지.

뭐? 정말로 있었던 일이냐고? 글쎄. 그건 나도 잘 모르겠네. 아무튼 김선달이 대동강 물을 팔아먹은 일을 가르켜 '공수편매' 라고 해.

어머니 가슴에 박힌 못

모심지정 母心之釘
어미 모, 마음 심, 어조사 지, 못 정

'어머니 가슴에 박힌 못'이라는 말로, 자식이 잘못할 때마다 어머니 마음에 상처가 생긴다는 뜻이야.

옛날이야. 아주 오래된 옛날이지. 어느 마을에 홀로된 어머니가 하나뿐인 아들과 살았어. 아버지는 돌아가셨는지 안 계셔. 어머니 혼자 아들과 살려니 많이 힘들었겠지. 어머니는 밤에는 삯바느질을 하고. 낮에는 남의 밭 김매기를 하며 가난하게 살았어. 그러면서도 아들은 남에게 기죽지 않게 하려고 애지중지 잘 키웠어.

하지만 사랑을 많이 받으면 멋있게 잘 자라야 하는데. 이 아들은 그만 버릇이 잘못 들었네. 성질이 아주 나빠. 어머니를 막 때리고. 고집 피우고. 밖에 나가 말썽도 많이 피웠어. 어머니 마음이 참 아팠겠지.

어느덧 아들이 열다섯 살이 되었어. 옛날에는 이 정도 나이면 장가갈 때야. 다 큰 거지. 고생한 어머니를 위해 아들이 나서서 일도 하고 맛있는 것도 사 드리고 할 때야. 옛날에는 다 그랬어.

그런데 이 아들은 게으르고 천방지축이야. 오나 가나 사고를 많이 쳤지. 달래도 보고. 야단도 쳐 봤지만. 나쁜 버릇이 좀처럼 나아지지 않았어. 어머니는 속이 숯가마처럼 까맣게 탔지. 어머니는 아들이 사고를 칠 때마다 마루 기둥에다 못을 하나씩 박았어. 그렇게 못을 하나하나 박다 보니 나무 기둥에 못이 가득해. 이젠 더 박을 곳도 없을 정도였지.

하루는 아들이 못이 잔뜩 박힌 기둥을 쳐다보며 물었어.

"어머니, 마루 기둥에 웬 못을 이리 박아 놓았어요?"

"아이고, 이놈아. 이것은……."

어머니는 말도 못하고 눈물만 흘렸어. 아들은 무슨 말 못할 사연이 있나 싶어 다시 물었지.

"울지만 말고 여기에 왜 못을 박았는지 말해 주세요."

어머니는 눈물을 겨우 참고 이야기해 주었어.

"여기 있는 못들은 네가 어미 속 썩일 때마다 하나씩 박은 거란다. 하나하나 박다 보니 이렇게 많아졌구나. 이제 제발 정신 차리고 성실하게 살아다오."

어머니는 아들을 바라보며 애원했어. 이제 어머니는 일하고 싶어도 하지 못할 만큼 늙으셨어. 아들은 못이 잔뜩 박힌 나무 기둥을 잡고 울었어. 자기가 얼마나 어머니 속을 썩였는지 뒤늦게 깨닫고는 가슴이 너무 아팠지.

"어머니, 죄송합니다. 이제라도 착해져서 어머니께 효도하면서 못을 하나씩 뽑겠습니다."

"그래라. 그럼. 그래야 내 아들이지."

아들은 정말 마음을 고쳐먹었어. 정신을 바짝 차리고 어머니 마음을 위로하면서 힘든 일, 어려운 일도 마다하지 않고 기쁘게 해 드렸어. 어머니를 위해 울타리 밑에 예쁜 꽃들을 심어 가꾸기도 하고, 강에 나가 꽁꽁 언 얼음을 깨고 잉어를 잡아다가

푹 고아 드리기도 했어.

그런데 어머니가 가장 기뻐하실 일이 무엇이었겠어? 맞아. 장가가는 거야. 게다가 착한 아들이라고 소문나니. 여기저기서 혼인하자고 그래. 그래서 결혼도 했지. 조금 있으니 손자가 태어났어. 살다 보니 이런 일도 있네. 어머니는 너무 기뻐서 그동안 속 썩은 것이 다 날아가는 것 같았어.

어머니는 정말 행복했어. 날마다 웃음꽃이 피어났지. 어느덧 아들은 나무 기둥의 못을 다 뽑았어.

하루는 어머니가 아들을 불렀어. 그리고 나무 기둥을 바라보며 말했지.

"네가 이 못을 다 뽑겠다고 약속하더니. 정말 다 뽑았구나. 대단하다. 정말 고맙다. 이제 죽어도 한이 없겠구나."

"무슨 그런 말씀을 하셔요. 건강하게 오래오래 사셔야죠. 못은 다 뽑았지만. 앞으로는 어머니를 더욱 기쁘게 해 드리며 살게요."

어머니는 아들을 꼭 안아 주었어. 아들도 어머니 품에서 엉엉 울었지.

"어머니. 이제 못은 다 뽑았지만. 나무 기둥에 벌집처럼 남아

있는 못 자국은 없어지질 않네요. 이 불효막심한 아들을 용서해 주세요. 엉엉."

어머니는 아들을 안고 어깨를 두드려 주었어.

우리 어머니 가슴에도 내가 속 썩일 때마다 큰 못이 박혔겠지. 정말 이 세상 누구도 어머니만큼 사랑할 수 있는 사람은 없는 것 같아.

고양이 다리 재판하기

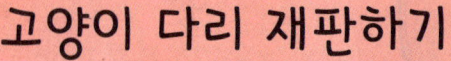

묘각재판 猫脚裁判

고양이 묘, 다리 각,
마름질할 재, 판가름할 판

'묘'는 고양이를, '각'은 다리를 가리키는 한자야.
그럼 묘각재판은 고양이 다리를 재판한다는
뜻이겠네. 거참, 무슨 일이 있었던 걸까?

옛날하고도 아주 먼 옛날. 어느 마을인지 아무튼 지도에도 없는 그런 곳에서 네 명의 친구가 살았어. 모두 같은 해에 태어났으니 나이가 같았지. 윗집, 아랫집, 건넛집에서 태어난 이들은 서로 형제처럼 사이좋게 지냈어.

하루는 사랑방에 모여 이런저런 이야기를 하다가 장사를 하기로 했어. 그러려면 우선 밑천이 있어야겠지. 그래서 돈을 똑같이 내어 시작하기로 했어. 나중에 돈을 많이 벌면 똑같이 나누기로 하고 말이야.

친구들은 목화를 사기로 했어. 추운 겨울엔 목화솜을 넣은 따뜻한 옷을 입어야 하잖아. 두툼한 이불도 덮어야 하고. 이번 겨울은 더 추울 것 같다니까. 여름에 미리 목화를 많이 사려는 거야. 그랬다가 값이 오르면 내다 파는 거지.

네 친구는 생각만 해도 너무 좋아 서로 얼싸 안았어. 정말 곧 부자가 될 것만 같았지.

그래서 큰 창고를 짓고. 이 마을 저 마을 다니면서 목화를 사들였어. 가까운 고장 목화를 다 사고. 먼 고장의 목화도 샀지. 어느덧 창고 가득 목화가 쌓였어. 친구들은 목화만 봐도 부자가 된 것 같았어. 목이 빠지게 겨울이 오기만을 기다렸지.

그런데 목화를 창고에 가득 쌓아 두었더니, 포근해서 그런지 쥐들이 그 안에 들어가서 살아. 쥐들이 집을 짓고 똥을 싸고 오줌도 싸. 똥이야 털어 내면 되지만, 오줌을 싸면 목화솜이 누래지고 냄새가 나. 너희도 이불에 지도 그려 봐서 알잖아. 이걸 어쩌나. 쥐를 잡아야겠지.

"쥐 잡는 데는 고양이가 최고야."

그래서 친구들은 고양이를 데려왔어. 고양이 다리가 네 개니까, 네 친구가 다리를 하나씩 맡아 보살피기로 했지.

고양이가 목화 창고를 지키게 되자, 쥐들이 얼씬도 못 했어. 친구들은 이제 한시름 놓았어. 이제나저제나 하며 목화솜을 사겠다고 사람들이 몰려오기만 기다렸지.

그런데 고양이가 잘못해서 왼쪽 앞발을 다쳤어. 그래서 그 발을 맡은 친구가 상처에 약을 발라 주고 헝겊도 감아 주었지.

고양이는 좀 뒤뚱거리기는 했지만, 나머지 세 발로 곧잘 뛰어 다녔어. 쥐도 그런대로 잘 잡았어. 친구들은 목화 팔기에 바빴어. 이제 돈도 제법 들어오기 시작해서 싱글벙글했지.

날씨가 조금 추운 어느 날이었어. 고양이가 부엌 아궁이 가에서 잠을 잤나 봐. 그럴 수 있지, 뭐. 고양이는 원래 따뜻한 아궁이 근처나 부뚜막에서 자다가 밤에 쥐를 잡곤 하거든.

그런데 이를 어째. 왼쪽 앞발을 감은 헝겊에 불이 붙고 말았어. 저런. 큰일 났네. 고양이가 어쨌겠어. 헝겊에 불이 붙으니 다른 발로 떼어 내려 했겠지. 그런데 이게 잘 안 떨어지는 거야.

당황한 고양이는 헝겊에 불이 붙은 채로 이리저리 뛰어 다녔어. 그러다가 목화솜 창고로 뛰어 들어갔어. 이를 어쩌나. 이리저리 뛰는 고양이 때문에 여기저기서 목화솜이 타기 시작하는 거야.

"불이야! 목화솜 창고에 불이 났다!"

"빨리 불을 꺼야 해!"

친구들은 물을 떠다 퍼붓고 목화솜을 끄집어내고 난리를 쳤어. 하지만 목화솜에 붙은 불은 쉽게 꺼지지 않았어. 타다 남았다 해도 이젠 팔기 어려워졌지. 탄 냄새가 나는 목화솜을 누가 사려고 하겠어.

본전은커녕 장가갈 밑천까지 다 날린 네 친구는 울상이 되었어. 이제 어쩌나.

고양이 상처를 치료해 준 친구에게 다른 세 친구가 따지듯 물었어.

"어쩔 거야? 네가 목화 값을 모두 물어내."

"왜 내가 물어내. 내가 불냈어?"

"네가 감아 준 헝겊에 불이 붙어서 이렇게 됐잖아."

"무슨 소리야. 내가 고양이 발에 불이라도 붙였다는 거야? 고양이는 우리가 함께 보살폈잖아. 왜 나에게 덤터기 씌워!"

친구들의 우정에 금이 가기 시작했어. 만나도 서로 다투기만 해. 저런, 큰일이네. 서로 위로를 해도 모자랄 판에.

"이렇게 싸우기만 할게 아니라. 사또님을 찾아가서 판결을 내려 달라고 하자."

"그게 좋겠다. 우리 고을 사또님이 이런 일 판결을 잘한다고

소문났잖아."

 그래서 네 친구는 고을 사또를 찾아갔어. 저마다 자기 말이 옳다고 주장했지.

 한참 동안 이들의 하소연을 듣던 사또가 마침내 판결을 내렸어.

 "듣거라. 목화 값을 물어낼 사람은 고양이 상처를 치료해 준 자가 아니라 너희 세 사람이니라."

 이게 뭔 일! 세 친구는 어안이 벙벙했어.

 "네? 뭘 잘못했다고 목화 값을 저희가 물어요?"

 무슨 말도 안 되는 소리냐며 세 친구는 가슴을 쳤지. 하지만 사또가 한번 판결을 내리면 끝이야. 돈 받으러 왔다가 돈 주고 가게 생겼네.

"사또 나리. 뭔가 잘못 생각하신 것 같습니다. 목화솜을 태운 건 저 친구라고요."

"어허, 고얀지고! 나의 판결에 토를 달다니. 그럼 왜 그렇게 판결했는지 이유를 말해 주겠다. 잘 들거라."

그 자리에 모인 고을 사람들도 모두 귀를 쫑긋했겠지.

"고양이가 앞발을 다쳤든 안 다쳤든, 앞발에 헝겊을 감았든 안 감았든, 그 발에 불이 붙었든 안 붙었든, 그건 중요한 일이 아니다. 고양이가 목화솜 창고에 안 들어갔으면 창고에 불이 안 났을 게다. 맞느냐?"

"그, 그렇죠."

"고양이가 창고에 들어갔기 때문에 불이 난 게 분명하지?"

"예, 예. 맞습니다."

"그럼 고양이가 어떤 발로 들어

갔겠느냐?"

"예?"

"다친 발이 아니라 멀쩡한 발로 뛰어 들어가지 않았겠느냐?"

"예? 아. 그렇지요."

"그럼 그 멀쩡한 다리들은 누가 맡은 것이냐? 너희 세 사람 책임 아니냐. 그러니 너희 세 사람이 돈을 모아 저 친구에게 주어야 하느니라."

과연 그렇구나! 사또의 판결을 듣고 고을 사람들이 모두 고개를 끄덕였다는데. 그 말이 맞는지는 지금도 모르겠네. 아무튼 그다음부터 이 재판을 가리켜 묘각재판이라고 했대. 우리말로 하면 '고양이 다리 재판'이지.

하하. 세상에 별일이 다 있네. 그런데 이 일이 있은 뒤로는 친구들이 안 싸우고 잘 지냈나 몰라.

| 궁금해요 |

고사성어? 사자성어?

재미있는 이야기를 듣고 한자도 배울 수 있는 '고사성어'를 공부하니 참 좋네요. 그런데 '사자성어'라는 말도 있잖아요. 무엇이 어떻게 다른 걸까요?

고사성어는 옛이야기가 깃든 한자어를 말해요. 그러니까 옛날에 있었던 일이나 옛이야기의 뜻을 간추려 한자로 표현한 것이지요. "너희는 관포지교(管鮑之交) 같은 우정을 갖고 있구나."라고 누가 말한다면, 중국 춘추 시대에 살았던 관중과 포숙의 우정에 얽힌 이야기를 알고 있어야겠지요. 이를 모르면 관포지교라는 고사성어를 들어도 무슨 뜻인지 알 수가 없으니까요.

그렇다면 **사자성어**는 무엇일까요? 사자성어는 한자 네 개로 이루어진 한문을 말하지요. 가장 대표적인 것으로 한자를 알기 쉽게 만든 《천자문》이 있어요. 한문을 처음 배우는 사람들이 알기 쉽게 천 개의 한자를 모아 각각 네 글자로 표현한 것이지요. 그럼 사자성어로는 모두 250구절이 되겠네요. 《천자문》은 자연 현상과 사람들이 지켜야 할 도덕에 관한 내용을 담고 있어 세상의 이치를 아는 데에도 깊은 도움을 준답니다. 사자성어를 만드는 것은 비교적 쉬워요. 한자 네 개를 모으면 되거든요. 동쪽, 서쪽, 남쪽, 북쪽을 뜻하는 한자를 모아 동서남북(東西南北)이라 만들면 사방을 뜻하잖아요.

그럼 이번에는 잘 아는 옛이야기의 내용을 간추려서 사자성어로 나타내 볼까요? 그러려면 먼저 그 이야기를 속속들이 알아야겠지요. 예를 들면, 우리나라 고전소설 중에 《춘향전》이 있잖아요. 언제 누가 썼는지 알 수 없는 이 소설은 성춘향과 이몽룡의 사랑 이야기예요. 이몽룡이 한양으로 간 사이에 새로 부임해 온 사또 변학도가 춘향을 탐내지만, 춘향은 마음을 바꾸지 않아요. 그러다가 나중에 암행어사가 된 이몽룡이 탐욕스러운 변학도를 혼내 주고 춘향과 다시 만나 행복하게 살게 되지요.

이 이야기의 주제를 담아 내가 사자성어를 만든다면 '고진감래(苦盡甘來 쓸 고, 다할 진, 달 감, 올 래)'라는 말을 쓰고 싶네요. 갖은 고생 끝에 사랑하는 사람을 만나는 행복을 누리게 되었으니 그 뜻을 알려야죠. 하지만 그러려면 한자를 좀 알아야 해요. 아, 그런데 '고진감래'는 여러분도 이미 아는 말이라고요? 하하, 그렇군요.

그런데 사자성어는 반드시 한자 네 글자로 만들지만, 고사성어는 꼭 그렇지는 않아요. 미봉책(彌縫策), 배수진(背水陣), 도외시(度外視), 철면피(鐵面皮) 같은 고사성어는 세 글자예요. 오십보백보(五十步百步) 같은 구절은 다섯 자로, 맹모삼천지교(孟母三遷之敎) 같은 구절은 여섯 자로 이루어졌네요. 무슨 뜻이냐고요? 음, 그건 여러분이 찾아보세요. 부모님이나 선생님께 여쭈어 봐도 되겠지만, 사전이나 책을 보고 직접 찾으면 더 좋겠네요.

| 이야기 출처 |

중국

노력하면 무슨 일이든 이룰 수 있다네 **우공이산**_《열자》

풀을 묶어 갚은 은혜 **결초보은**_《춘추좌씨전》

주처가 마음을 고쳐 먹었더니 **개과천선**_《진서》

둘이 싸우더니 꼴좋게 되었네 **어부지리**_《전국책》

남쪽 귤이 북쪽 가면 탱자 되네 **남귤북지**_《안자춘추》

인생이란 알 수 없는 일이야 **새옹지마**_《회남자》

가르치고 배우면서 함께 자란다 **교학상장**_《예기》

친구라면 이렇게 믿어야지 **관포지교**_《사기》

한국

널리 인간을 이롭게 한다 **홍익인간**_《삼국유사》

꿈을 사서 왕비가 되었다네 **매몽득화**_《삼국유사》

임금님 귀는 당나귀 귀다! **왕이려이**_《삼국유사》

아차, 실수했다! **아차실기**_《대동기문》

흰 옷을 입고 전쟁터로 **백의종군**_《조선왕조실록》

대동강 물을 팔아 먹다니 **공수편매**_《한국해학소설집》

어머니 가슴에 박힌 못 **모심지정**_《정봉채한담》

고양이 다리 재판하기 **묘각재판**_《한국인의 야담》

산하어린이

고사성어 하나 이야기 하나

제1판 제1쇄 발행일 2018년 7월 2일
제1판 제3쇄 발행일 2023년 3월 10일

글쓴이 · 임덕연
그린이 · 안윤경

펴낸이 · 곽혜영
주　간 · 오석균
편　집 · 최혜기
디자인 · 소미화
마케팅 · 권상국
관　리 · 김경숙
펴낸곳 · 도서출판 산하 | 등록번호 · 제300-1988-22호
주소 · 03385 서울특별시 은평구 연서로26길 27. 대한민국
전화 · (02)730-2680(대표) | 팩스 · (02)730-2687
홈페이지 · www.sanha.co.kr | 전자우편 · sanha0501@naver.com

글ⓒ임덕연. 2018 | 그림ⓒ안윤경. 2018

ISBN 978-89-7650-504-0 74810
ISBN 978-89-7650-500-2 (세트)

* 이 도서의 국립중앙도서관 출판시도서목록(CIP)은 e-CIP홈페이지(http://www.nl.go.kr/ecip)와
  국가자료공동목록시스템(http://www.nl.go.kr/kolisnet)에서 이용하실 수 있습니다.
  (CIP제어번호 : CIP2018017647)
* 이 책의 내용은 저자와 출판사의 동의 없이 사용할 수 없습니다.
* 8세 이상 어린이를 위한 책입니다.